Die Herausgabe der deutschen Fassung dieses Buch wurde möglich dank der vielfältigen Unterstützung folgender Personen:

Christina Volpi, Christiane Rhein, Anna Eid, Sonja Burgmaier, Mona Gwinner, Matthias Winter, Ursula Schaile, Reiner Jendis, Bianca Telle, Tom Geist, Mitglieder von Rigpa München, Deutsche Buddhistische Union und dank der finanziellen Unterstützung vieler nicht genannter Menschen.

Möge dieses Buch allen Wesen helfen, ihren ursprünglichen Zustand zu erkennen !

Auflage: 2.000
Autor: Namkhai Norbu
Herausgeber: Adriano Clemente
Übersetzerinnen: Christina Volpi, Anna Eid
Lektorat: Christiane Rhein, Sonja Burgmaier, Matthias Winter
Umschlaggestaltung und Zeichnung "Vajra und Glocke": Mona Gwinner
Zeichnung "Changchub Dorje", "Garab Dorje": Nigel Wellings
Satz und Layout: Reiner Jendis, Bianca Telle, Mona Gwinner
Druck: Movimento Druck, Berlin-W
ISBN - 3 - 9801635 - 0 - 4
printed in W-Germany

Namkhai Norbu

Hrsg. Adriano Clemente

DZOG CHEN

Der ursprüngliche Zustand

ODIYANA-EDITION

Inhalt

Einführung von Adriano Clemente 5

Teil I

1. Das Individuum: Körper, Stimme und Geist 13
2. Die Wege der Entsagung und der Transformation 25
3. Der Weg der Selbstbefreiung 36
4. Die Bedeutung der Übertragung 45

Teil II

Einführung 61
5. "Die Sechs Verse des Vajra" 64
6. Die Grundlage und die Sehweise 65
7. Der Weg und die Art des Praktizierens 79
8. Die Frucht und die Verhaltensweise 93

Anhang 102

EINFÜHRUNG

Die Dzog-chen Lehre (rdzogs.chen)[1] kann nach den Worten des Meisters Namkhai Norbu allen Menschen helfen, ihre wirkliche Situation zu erkennen und dadurch zu lernen, ein entspanntes Leben zu führen.

Bei der Lektüre dieses Buches werden wir entdecken, was "sich entspannen" in der Dzog-chen Lehre bedeutet und wie wir praktizieren können, ohne daß wir auf irgend etwas verzichten oder uns zu Handlungen verpflichten müssen, die mit unserem täglichen Leben unvereinbar sind.

Obwohl die Dzog-chen Lehre geschichtlich geschen in Tibet durch die beiden großen Traditionen des Buddhismus und des Bön[2] verbreitet wurde, ist sie im eigentlichen Sinne keine philosophische oder religiöse Tradition. Sie ist ein umfassendes Wissen von den existenziellen Bedingungen des Individuums, jenseits der Begrenzungen durch einen religiösen Glauben oder eine Kultur. Ohne sich jemals als Sekte zu konstituieren, ist Dzog-chen eine direkte Lehre geblieben, da seine Übertragung im Laufe der Jahrhunderte eine Reinheit und Echtheit bewahrt hat, die mit dem Formalismus der religiösen Institutionen unvereinbar ist.

Offiziell wurde in Tibet der Buddhismus zur Zeit des Königs Trisong Detsen (Khri.srong lde'u.btsan, 790-844 n.Chr.) eingeführt, obwohl Tibet schon seit Jahrhunderten von der buddhistischen Kultur Indiens, Chinas und anderer Nachbarländer beeinflußt worden war. König Trisong Detsen lud zahlreiche buddhistische Meister und Pandits an seinen Hof. Diese kamen aus Indien und aus dem alten Königreich Oddiyana, das dem heutigen Swat-Tal in Pakistan entspricht. Oddiyana, Ursprungsort tantrischer Lehren, war in alten Zeiten ein Land mit blühender buddhistischer Kultur, und zahlreiche Meister reisten nach Oddiyana, um sich unterweisen zu lassen. In Oddiyana liegt auch der Ursprung der Dzog-chen Lehre, die später Teil der buddhistischen Tradition wurde.

Sie ist hier einige Jahrhunderte v. Chr.[3] unter dem Meister Garab Dorje (dGa'.rab rdo.rje) entstanden. Seine Lehre, die das Kausalitätsgesetz des Karmas transzendiert, war konträr zur traditionellen Sichtweise seiner ersten Schüler, angesehener buddhistischer Pandits. Aus diesem

Grunde erfolgte die Übertragung der Dzog-chen Lehre heimlich, parallel zur Übertragung der offiziellen Lehren des Buddhismus.

In Tibet wurde der Buddhismus in seiner tantrischen Form zuerst von Padmasambhava eingeführt, einem Meister und Wundertäter aus Oddiyana, der von König Trisong Detsen eingeladen worden war.

Um auch die Dzog-chen Lehre in Tibet zu verbreiten, schlug Padmasambhava dem König vor, Vairocana, einen Tibeter, nach Oddiyana zu schicken. Vairocana erhielt sämtliche Unterweisungen in der Lehre des Dzog-chen von Meister Sri Singha, einem Schüler Manjusrimitras[4], der seinerseits Schüler von Garab Dorje war. In Tibet gab er die Lehre wenigen Auserwählten weiter. Später wurde der Pandit Vimalamitra, auch er ein Schüler Sri Singhas, an den Hof des Königs geladen und übertrug weitere Lehren des Dzog-chen. Während dieser Blütezeit der Verbreitung und Übersetzung buddhistischer Originaltexte wurden auch die Dzog-chen Schriften, meist in der Sprache Oddiyanas geschrieben, ins Tibetische übersetzt. Sämtliche, in dieser Zeit übersetzten Texte, sowohl die des Tantra als auch des Dzog-chen, wurden später in die Tradition der "Alten Schule" oder Nyingmapa (rNying ma.pa) eingegliedert, im Gegensatz zu jenen Tantras, die während der zweiten Verbreitungsphase im 11.Jahrhundert[5] übersetzt wurden. Aus diesem Grunde ist Dzog-chen immer als Teil der Lehren der tibetisch-buddhistischen Nyingmapa Schule angesehen worden. In dieser Tradition sind sämtliche buddhistischen Lehrsysteme in neun Wege oder "Fahrzeuge" (sanskrit: Yana) eingeteilt.

Diese sind:

1. Das weltliche Fahrzeug der Gottheiten und Menschen ('jig.rten.lha.mi'i theg.pa). Es umfaßt alle Formen religiöser, nicht-buddhistischer Systeme.
2. Das Fahrzeug der Sravakas (Zuhörer) und Pratyekabuddhas (diejenigen, welche die Erleuchtung für sich selbst anstreben). Es umfaßt die Lehren des Hinayana-Buddhismus.
3. Das Fahrzeug der Bodhisattvas. Es umfaßt die Lehren des Mahayana-Buddhismus.
4. Kriya-Yoga
5. Carya-Yoga
6. Yoga-Tantra.

Diese letzten drei Fahrzeuge werden "äußere Tantras" genannt, weil ihre Praxis hauptsächlich darauf beruht, sich zu läutern und sich darauf vorzubereiten, die Weisheit der Erleuchtung zu empfangen.

7. Maha-Yoga
8. Anu-Yoga
9. Ati-Yoga

Diese drei werden die "inneren Tantras" genannt. In Wirklichkeit gehören nur die beiden ersten zur Tantra Lehre, deren Prinzip es ist, die psychischen und physischen Aspekte des Individuums in die reine Dimension der Erleuchtung umzuwandeln. Ati-Yoga, ein Synonym für Dzogchen, beruht auf dem Weg der Selbstbefreiung, auf der direkten Erkenntnis des ursprünglichen Zustandes. Diese Unterteilung der Tantras ist ein besonderes Merkmal der Nyingmapa-Schule. In den anderen drei tibetisch-buddhistischen Haupttraditionen, Kagyudpa (bKa' rgyud.pa), Sakyapa (Sa.skya.pa) und Gelugpa (dGe.lugs.pa) werden die höheren Tantras oder Anuttara-Tantras eingeteilt in:

1. Pitryoga, die väterlichen Tantras
2. Matryoga, die mütterlichen Tantras
3. Advityayoga, die nicht dualen Tantras.

Alle drei Arten von Anuttara-Tantras beruhen - ebenso wie das Maha-Yoga der Nyingmapa-Schule - auf dem System der graduellen Transformation. Anu-Yoga hingegen ist ein System, das auf nicht gradueller Transformation gründet, und nur in der "alten Schule" zu finden ist.

Die Schriften der Dzog-chen Lehre sind in drei Gruppen zusammengefaßt: die "Serie der Natur des Geistes" (Sems.sde)[6], die "Serie des uranfänglichen Raumes" (klong.sde) und die "Serie der geheimen Anweisungen" (man.ngag.sde). Die beiden ersteren wurden von Vairocana, die dritte von Vimalamitra in Tibet eingeführt. Zur "Serie der geheimen Anweisungen" gehören auch jene Lehren, die ursprünglich von Padmasambhava übertragen und an verschiedenen Plätzen in Tibet verborgen worden sind. Diese, als Terma (gter.ma)[7] oder Schätze bezeichneten Texte, sind seit dem 10.Jahrhundert wiederentdeckt worden. Die Texte, die seit der Zeit Garab Dorjes mündlich übertragen wurden, nennt man "Mündliche Tradition" (bka`.ma).

Eine weitere Tradition von Dzog-chen Lehren, die sich nach Herkunft und Übertragungslinien der Meister unterscheidet, finden wir innerhalb der Bön-Religion. Ausgangspunkt ihrer Verbreitung war Shang-Shung, ein altes Königreich in Westtibet[8]. Beim heutigen Stand der Forschung kann noch nicht gesagt werden, ob diese verschiedenen Traditionen der Dzog-chen Lehre einen gemeinsamen Ursprung haben.

Im Laufe der Jahrhunderte wurde die Dzog-chen Lehre in Tibet von Meistern aller Schulen und Traditionen praktiziert,denn seiner Natur entsprechend überschreitet Dzog-chen die Grenzen des Sektierertums und die durch den Menschen geschaffenen Barrieren.

Meister Namkhai Norbu, der im Westen Dzog-chen lehrt, steht in der Nachfolge einer Übertragungslinie von Meistern, die bis auf Garab Dorje zurückgeht. Geboren 1938 in der Nähe von Derghe in Osttibet, erhält er schon als Kind zahlreiche Unterweisungen und Einweihungen von Meistern verschiedener Traditionen, insbesondere von seinen beiden Onkeln, die große Praktizierende des Dzog-chen waren[9]. Mit acht Jahren wird er in eine Klosterschule aufgenommen, in der er mehrere Jahre buddhistische Philosophie und die anderen Gebiete tibetischen Wissens studiert. Nach Beendigung seiner Studien wird er 1954 mit einer Delegation von Vertretern der tibetischen Klöster nach China geschickt. Zwei Jahre lang unterrichtet er in Cheng-du, einer Stadt in Sichuan an der Westgrenze zu Tibet, tibetische Sprache. Während dieser Zeit erhält er die Gelegenheit, Konkar Rinpoche (Gangs.dkar rin.po.che)[10], den berühmten Meister der Kagyudpa-Tradition kennenzulernen, von dem er zahlreiche Unterweisungen erhält. Aber erst bei seiner Rückkehr nach Tibet trifft er, nach einer Prophezeihung im Traum, den Meister, der ihm das Tor zur Erkenntnis öffnet: Rinzin Changchub Dorje (Rig.'dzin Byang.chub rdor.je), ein großer Dzog-chen Meister und ein Terma- Entdecker, der in aller Schlichtheit als Dorfarzt lebt. Im Verlauf mehrerer Monate, die Namkhai Norbu mit seinem Meister verbringt, erhält er zahlreiche grundlegende Unterweisungen in der Dzog-chen Lehre, aber vor allem die Übertragung der wahren Erkenntnis des Dzog-chen, jenseits von Büchern und Worten. Changchub Dorje wird in Leben und Lehre von Namkhai Norbu ein Beispiel und ein dauernder Bezugspunkt bleiben.

1958 reist Namkhai Norbu zu Studien nach Indien und besucht zahlreiche heilige Orte. Da er wegen politischer Unruhen nicht nach Tibet zurückkehren kann, geht er nach Sikkim, wo er zwei Jahre lebt. 1960 lädt ihn Giuseppe Tucci ein, Mitarbeiter des I.S.M.E.O. in Rom zu werden. Seit 1964 lehrt er tibetische und mongolische Sprache und Literatur am Institut für Orientalistik an der Universität in Neapel.

In den letzten zwanzig Jahren vertiefte Namkhai Norbu seine Studien über den Ursprung der tibetischen Kultur, wobei er sich im besonderen mit der Bön-Tradition, dem Ursprung der Kultur Shang-Shungs und somit Tibets, befaßt hat. Über dieses Thema hat er mehrere Bücher verfaßt, die für die Erforschung der tibetischen Geschichte und Kultur höchst bedeutsam sind[11].

1976 hat er, zunächst in Italien, später dann auch in anderen Ländern begonnen, Dzog-chen zu lehren. Seine Schüler bilden die Dzog-chen Gemeinschaft, deren zentraler Ort "Merigar" in Italien ist.Merigar liegt am Fuße des Monte Amiata bei Arcidosso in der Toskana. In den letzten Jahren hat Namkhai Norbu zahlreiche Seminare über Yoga, tibetische Medizin und tibetische Astrologie in verschiedenen Teilen der Welt gehalten. 1983 hatte er den Vorsitz beim 1.internationalen Kongress für tibetische Medizin, der in Venedig und Arcidosso stattfand.

Dieses von mir herausgegebene Buch beruht hauptsächlich auf Belehrungen, die Namkhai Norbu 1985 und 1986 in Merigar gegeben hat. Ich habe den Text in zwei Teile gegliedert. Der erste Teil enthält Ausführungen, die die Natur der Dzog-chen Lehre auch im Vergleich zu anderen Wegen der Verwirklichung erklären. Der zweite Teil, "Der Kuckuck des Zustandes des rig-pa", ist ein mündlicher Kommentar zu "Sechs Verse des Vajra", eines sehr kurzen tibetischen Textes, der die Essenz der Dzog-chen Lehre enthält und damals in Oddiyana von Sri Singha an Vairocana übertragen worden ist. In den drei Kapiteln, die diesen zweiten Teil bilden, enthüllt Namkhai Norbu auf einfache, nicht schulmäßige Weise, was es bedeutet, Dzog-chen zu praktizieren.

Ich hoffe, daß diese Lehren allen Menschen zum Wiedererwachen einer authentischen Erkenntnis, frei von Konzepten und jenseits aller Konditionierungen verhelfen mögen.

Adriano Clemente

ANMERKUNGEN

1 Wenn die tibetischen Begriffe zum ersten Mal benutzt werden, wird die genaue Umschrift in Klammern angegeben.

2 Ursprünglich bezeichnete der Begriff "Bön" in Tibet jegliche Art von ritueller Tradition, die auf der Rezitation von Mantras und magischen Formeln beruhte und sich wahrscheinlich nicht sehr von den verschiedenen Formen des Schamanismus unterschied, die in Zentralasien verbreitet waren. Später, zur Zeit des Meisters Tonpa Shenrab (sTon.pa gShen.rab), der nach Bön-Quellen 1857 v.Chr. geboren wurde, sollen viele dieser rituellen Traditionen verfeinert und durch ein gemeinsames Verständnis des Seins verbunden worden sein, im Sinne eines Prozesses gegenseitiger Abhängigkeit zwischen der individuellen Energie und den äußeren, von verschiedenen Klassen von Wesen beherrschten Energien. Ebenfalls nach Bön-Quellen soll Tonpa Shenrab, der aus Shang-Shung (West-Tibet) stammte, auch Medizin und Astrologie sowie eine frühe Form von Dzog-chen gelehrt haben. Erst in der Zeit zwischen dem 8. und 9.Jahrhundert nimmt die Bön-Tradition, die aufgrund der wachsenden Verbreitung des Buddhismus zu verschwinden droht, die Gestalt einer Philosophie und Lehre an, die von den Prinzipien des Buddhismus beeinflußt ist. Seit dieser Zeit ist Bön eine Religion und unterscheidet sich in seinen Grundzügen nicht mehr von den anderen tibetisch-buddhistischen Schulen.

3 Nach den Schriften der "Geheimen Anweisungen" der Dzog-chen Lehre ist Garab Dorje 360 Jahre nach Buddhas Parinirvana geboren, also 184 v.Chr. Nach dem Vairo.rgyud.'bum, der Sammlung von Werken, die von Vairocana ins Tibetische übersetzt worden sind, soll er 28 Jahre nach Buddhas Erleuchtung geboren worden sein, was dem Jahr 516 v.Chr. entspräche. Dieses Datum würde die Überlieferung bestätigen, nach der Garab Dorje ein Sohn der Prinzessin Praharini von Oddiyana ist, der Tochter des Königs Indrabhuti, der Padmasambhava auf dem See Dhanakosa acht Jahre nach Buddhas Parinirvana entdeckte.

4 Diese Tradition beruht auf der Übertragungslinie der Meister der "Serie der geheimen Anweisungen" des Dzog-chen. Nach der Linie von der "Serie von der Natur des Geistes", die historisch zuverlässiger ist, hat Sri Singha viel später gelebt als Manjusrimitra. Deshalb kann man annehmen, daß die Übertragung von Manjusrimitra auf Sri Singha über Visionen und Kontakte ungewöhnlicher Art erfolgte.

5 Während der zweiten Verbreitungsphase des Buddhismus in Tibet wurden neue Tantras eingeführt und einige neu übersetzt, die schon zur Zeit Padmasambhavas verbreitet waren. In dieser Zeit bildeten sich die anderen Schulen des tibetischen Buddhismus: Kagyudpa

(bKa'.rgyud.pa), Sakyapa (Sa.skya.pa) und Kadampa (bKa'.gdams.pa), wobei letztere später reformiert und als Gelugpa (dGe.lugs.pa) bekannt wurde.

6 Der Begriff sems (Geist) wird hier mit "Natur des Geistes" übersetzt, weil sems in der gesamten alten Literatur des Dzog-chen als Abkürzung für byan.chub.kyi.sems (sanskrit: bodhicitta), der ursprünglichen Natur des Geistes, gebraucht wird.

7 Terma sind in zwei Kategorien unterteilt: erstens Sater (sa.gter), "Schätze der Erde", tatsächliche Fundstücke , sowohl Gegenstände als auch Manuskripte; zweitens Gonter (dgongs.gter), "Schätze des Zustandes der Erkenntnis", Texte die im Bewußtsein eines Individuums gespeichert worden sind und auch noch nach vielen Leben im Zustand der Kontemplation spontan erinnert werden.

8 Shang-Shung (Zhang.zhung), die Heimat der tibetischen Kultur, umfaßte einst das gesamte Tibet, das damals diesen Namen trug. Die Religion in Shang-Shung war Bön, und seine Priester hatten am Hof großen politischen Einfluß. Mit der Hauptstadt Khyunlun Nulkar (Khyung.lung ngul.mkhar) in der Nähe des Berges Kailash war Shang-Shung in folgende drei Regionen unterteilt: die innere, die Westtibet entsprach; die zentrale, die Zentraltibet entsprach; die äußere, die Osttibet und die Grenzgebiete zu China umfaßte. Als das kleine autonome Königreich von Yarlun in Zentraltibet sich auszudehnen begann und die umliegenden Gebiete eroberte, wurde zur Zeit des Königs Songtsen Gampo (Srong.btsan sgam.po) (617-698 n.Chr.) auch Shang-Shung annektiert. Auf diese Weise erhielt das gesamte Königreich den Namen Tibet (Bod).

9 Der Onkel väterlicherseits,rTogs.ldan O.rgyan bstan.'dzin sowie der Onkel mütterlicherseits,' Jam.dbyangs Chos.kyi dbang.phyug.

10 Eine seiner Belehrungen über Mahamudra findet sich in C.G.Changs Mahamudra-Fibel, Octopus Verlag, Wien 1979

11 Siehe Bibliographie

Teil 1

1. Das Individuum: Körper, Stimme und Geist

Wer anfängt, sich für die Lehre zu interessieren, kann leicht dazu neigen, sich von der materiellen Wirklichkeit zu entfernen und in einer Phantasiewelt zu leben, so als hätte die Lehre nichts mit dem täglichen Leben zu tun. Die Gründe liegen häufig in einer Haltung des Verzichts, der Flucht vor den eigenen Problemen und in der Illusion, etwas zu finden, das sie auf wundersame Weise auflösen könnte. Aber die Lehre basiert auf dem Prinzip unseres Menschseins, wir haben einen materiellen Körper mit all seinen Begrenzungen. Jeden Tag müssen wir essen, arbeiten, uns ausruhen usw., das ist unsere Realität, und wir können sie nicht ignorieren.

Die Dzog-chen Lehre ist keine Philosophie, keine religiöse Doktrin oder kulturelle Tradition. Ihre Botschaft verstehen heißt, die eigene wirkliche Situation zu erkennen, frei von jedem Selbstbetrug und jeder Täuschung, die unser Geist hervorruft. So weist auch die Bedeutung des tibetischen Wortes Dzog-chen, "große Vollkommenheit", auf den wahren, ursprünglichen Zustand jedes Individuums hin und bezieht sich nicht auf eine transzendente Wirklichkeit.

Das Prinzip vieler spiritueller Wege ist das Mitgefühl, das Wohl der anderen. In der buddhistischen Mahayana-Tradition z.B. ist das Mitgefühl, zusammen mit dem Wissen um die Erscheinungen, einer der Kernpunkte der Praxis. Manchmal jedoch wird Mitgefühl, weil sein Prinzip nicht verstanden wird, zu etwas Konstruiertem und Vorübergehendem. Echtes, ungekünsteltes Mitgefühl kann nur entstehen, wenn die eigene Situation erkannt wird. Durch die Beobachtung unserer Grenzen, Abhängigkeiten und Konflikte wird uns auch das Leid der anderen bewußt, unsere eigene Erfahrung bildet die Grundlage oder ein Muster, unseren Nächsten besser zu verstehen und ihm helfen zu können.

Sich der eigenen Bedingtheit bewußt zu sein, ist Ausgangspunkt aller Wohltaten. Wenn wir uns selbst helfen und an uns arbeiten können, können wir auch anderen wirklich Gutes tun. Dann wird unser Mitgefühl spontan entstehen, ohne daß wir uns nach den Verhaltensnormen einer vorgegebenen religiösen Lehre richten müssen.

Was bedeutet, "sich der eigenen Bedingungen bewußt werden"? Es bedeutet, sich selbst zu beobachten und zu entdecken, wer wir sind, wer wir glauben zu sein und wie wir uns anderen und dem Leben gegenüber verhalten. Es genügt, unsere Begrenzungen zu beobachten, unser Urteilen, unsere Leidenschaften, unseren Stolz, unsere Eifersucht, unsere Anhaftungen und all unsere Verhaltensweisen, in die wir uns im Laufe eines Tages selbst einschließen. Wo entstehen sie, wo sind ihre Wurzeln? Sie haben ihren Ursprung in unserer dualistischen Sichtweise, in unseren Konditionierungen. Um sich und anderen helfen zu können, ist es nötig, all die Begrenzungen, in die wir uns selbst eingeschlossen haben, zu überwinden; das ist die wahre Wirkung der Lehre.

Jede Lehre wird über die jeweilige Kultur und die Kenntnisse der Menschen vermittelt. Es ist jedoch wichtig, die Lehre, deren Essenz das Wissen um die Natur des Individuums ist, nicht mit einer Kultur oder Tradition zu verwechseln. Kultur kann sehr wertvoll sein, weil sie als Mittel dient, die Botschaft einer Lehre aufzunehmen, aber sie ist nicht die Lehre selbst. Nehmen wir als Beispiel die buddhistische Lehre. Buddha lebte in Indien und um sein Wissen zu vermitteln, hat er keine neue Form der Kultur geschaffen, sondern sich auf den Kenntnisstand der Inder jener Zeit bezogen. Im Abhidharmakosa[1] finden wir Vorstellungen und Begriffe wie die Beschreibung des Berges Meru und der vier Kontinente, die typisch für die alte Kultur Indiens, aber für ein Verständnis der Lehre Buddhas nicht wesentlich sind. Ein anderes Beispiel ist die ganz eigene Form, die der Buddhismus in Tibet infolge seiner Verschmelzung mit der ursprünglichen tibetischen Kultur angenommen hat. Als Padmasambhava Vajrayana in Tibet einführte, hat er die rituellen Bräuche der alten Bön-Tradition nicht abgeschafft, sondern sie in die Praktiken des tantrischen Buddhismus eingefügt.

Wenn der wahre Sinn einer Lehre nicht aus ihrer eigenen Kultur heraus verstanden wird, entsteht leicht eine Verwechslung der äußeren Form einer religiösen Tradition mit der Essenz ihrer Botschaft.

Um dies deutlich zu machen, nehmen wir als Beispiel jemanden aus dem westlichen Kulturkreis, der am Buddhismus interessiert ist und auf der Suche nach einem Meister nach Indien reist. Dort trifft er vielleicht einen traditionellen tibetischen Meister, der in einem abgelegenen Kloster lebt und die westliche Kultur nicht kennt. Der Meister wird diesen Schüler, der ihn um Unterweisung bittet, auf dieselbe Art und Weise belehren wie seine tibetischen Schüler. Dadurch sieht sich der Schüler aus dem Westen großen Schwierigkeiten gegenübergestellt, allein schon wegen der ihm unbekannten Sprache. Er erhält vielleicht eine wichtige Einweihung und ist betroffen von der besonderen Atmosphäre, von der spirituellen Schwingung, aber er wird ihren Sinn nicht verstehen. Angezogen von der Vorstellung eines exotischen Mystizismus, wird er ein paar Monate im Kloster bleiben und sich einige Aspekte der tibetischen Kultur und der religiösen Bräuche aneignen. Wenn er in den Westen zurückkehrt, ist er davon überzeugt, den Buddhismus verstanden zu haben. Er fühlt sich anders und verhält sich wie ein Tibeter.

Ein Abendländer, der eine aus Tibet kommende Lehre praktizieren möchte, muß jedoch nicht die Mentalität eines Tibeters annehmen. Im Gegenteil, es ist wesentlich, daß er die Lehre in seine Kultur integrieren kann, um ihre Essenz anderen Menschen im Westen mitzuteilen. Wenn man sich einer östlichen Lehre nähert, glaubt man oft, daß die eigene Kultur wertlos sei. Das ist ein Irrtum, denn alle Kulturen haben ihre Bedeutung hinsichtlich der Umgebung und der Umstände, unter denen sie entstanden sind. Es gibt keine Kultur, die besser ist als eine andere. Es liegt am Menschen selbst, für seine innere Entwicklung mehr oder weniger Vorteile aus ihr zu ziehen. Deshalb ist es unnötig, Regeln und Traditionen aus einem Kulturkreis zu übernehmen, in dem sie nicht entstanden sind.

Gewohnheiten und kultureller Hintergrund eines Menschen sind wichtig für das Verstehen einer Lehre. Wenn Dinge als Beispiele benutzt werden, die dem Zuhörer unbekannt sind, kann kein Wissen vermittelt werden. Wird einem Abendländer z.B. Tsampa[2] und tibetischer Buttertee angeboten, so weiß er wahrscheinlich nicht recht, wie er es essen soll. Ein Tibeter jedoch, der von klein auf mit Tsampa ernährt wurde, hat damit keinerlei Probleme, er wird das Tsampa mit Tee mischen und es essen. Es ist daher schwierig, die wesentliche Botschaft einer Lehre zu verstehen, wenn keine Kenntnisse über die Kultur, die ihr zur Übermittlung dient, vorhanden sind. Darin liegt der Wert der Kultur. Die Lehre aber ist ein inneres Wissen und darf nicht mit der Kultur, den Gewohnheiten, den Traditionen, den politischen und sozialen Systemen und ähnlichem verwechselt werden. Der Mensch schafft an verschiedenen Orten und zu verschiedenen Zeiten verschiedene Kulturen, und wer an der Lehre interessiert ist, sollte sich dessen bewußt sein und sie benutzen können, ohne sich dabei von äußeren Formen abhängig zu machen.

Diejenigen, die schon eine gewisse Vertrautheit mit der tibetischen Kultur haben, könnten denken, sie müßten zum Buddhismus oder zum Bön übertreten, um Dzog-chen zu praktizieren, weil Dzog-chen durch diese beiden religiösen Traditionen verbreitet wurde. Dies zeigt, wie begrenzt unsere Denkweise ist. Wenn wir uns entscheiden, einer spirituellen Lehre zu folgen, glauben wir, sofort etwas verändern zu müssen, sei es die Art wie wir uns kleiden, wie wir essen oder uns verhalten. In der Dzog-chen Lehre aber wird weder verlangt, einer religiösen Doktrin zu folgen oder einem Orden beizutreten, noch blindlings die Lehre zu akzeptieren und ein "Dzog-chenist" zu werden. All dies kann ernsthafte Hindernisse für ein wahres Verständnis hervorrufen.

In Wirklichkeit ist der Mensch so daran gewöhnt, alles mit Etiketten zu versehen, daß er etwas, was nicht innerhalb seiner Grenzen liegt, nicht begreifen kann. Ich gebe dafür ein persönliches Beispiel. Jedesmal, wenn ich einen Tibeter treffe, der mich nicht gut kennt, werde ich gefragt: "Welcher Schule gehören Sie an?" Im Laufe der Jahrhunderte sind in Tibet vier bedeutende buddhistische Traditionen entstanden, und wenn ein Tibeter von einem Meister hört, ist er davon überzeugt, daß er einer dieser vier Schulen angehören muß. Wenn ich dann antworte, daß ich Dzog-chen praktiziere, führt das wiederum zur Annahme, daß ich der Nyingmapa-Schule angehöre, in der die Dzog-chen Schriften bewahrt werden. Andere sagen - und das ist wirklich vorgekommen - daß ich ein Bönpo bin, weil sie wissen, daß ich, um die Bedeutung der ursprünglichen Kultur Tibets deutlich zu machen, Bücher über Bön geschrieben habe. Aber Dzog-chen ist weder eine Schule oder Sekte, noch ein religiöses System. Dzog-chen ist ein Wissen, das die Meister jenseits von Schulen und monastischen Traditionen weitergegeben haben. In seiner Übertragungslinie finden wir Meister aus allen Gesellschaftsschichten, Bauern, Nomaden, Adlige, Mönche und religiöse Persönlichkeiten jeder Schule und spirituellen Tradition. So ist auch der fünfte Dalai Lama[3] ein großer Dzog-chen Praktizierender gewesen und hat dabei seine hohe religiöse und politische Funktion beibehalten.

Wer wirklich an der Lehre interessiert ist, sollte versuchen, das ihr zugrundeliegende Prinzip zu verstehen, ohne sich von den Beschränkungen durch eine Tradition abhängig zu machen. Die Organisationen,

Institutionen und Hierarchien der verschiedenen Schulen können oft unbemerkt neue Abhängigkeiten schaffen. Der echte Wert der Lehre liegt jenseits von jeder Art von Überbau, den der Mensch geschaffen hat. Um zu entdecken, ob sie wirklich in uns lebt, genügt es zu beobachten, in wieweit sie uns von unseren Abhängigkeiten befreit hat. Manchmal glauben wir, die Lehre verstanden zu haben und sie anwenden zu können, in Wirklichkeit sind wir aber von Verhaltensweisen und doktrinären Prinzipien abhängig, die wenig mit dem Wissen um unsere eigentliche Existenz zu tun haben.

Ein Meister, der Dzog-chen lehrt, versucht das Wissen zu übertragen, indem er sich aller möglichen Mittel bedient. Es ist seine Aufgabe, das Individuum zu erwecken und sein Bewußtsein für den ursprünglichen Zustand zu öffnen. Er wird nicht sagen: "Folge meinen Regeln und beachte meine Vorschriften", sondern: "Öffne dein inneres Auge und beobachte dich. Suche nicht mehr nach einer Lampe, die dich von außen beleuchtet; zünde die innere Lampe an. So wird die Lehre in dir leben und du im Geist der Lehre."

Die Lehre soll in allen täglichen Handlungen zu einem lebendigen Wissen werden. Das ist die Essenz der Praxis, weiter gibt es nichts Besonderes zu entwickeln. Ein Mönch kann, ohne seine Gelübde aufzugeben, sehr wohl Dzog-chen praktizieren und ebenso ein katholischer Priester, ein Angestellter, ein Arbeiter, ohne ihre Rolle in der Gesellschaft aufgeben zu müssen. Denn Dzog-chen verändert den Menschen nicht von außen; er wird im Innern erweckt. Das einzige, was ein Dzog-chen Meister von euch verlangen wird, ist euch selbst zu beobachten, um die Bewußtheit zu entwickeln, die nötig ist, um die Lehre im täglichen Leben anzuwenden.

Jede Religion, jede spirituelle Lehre hat ihre philosophischen Grundprinzipien, ihre charakteristische Anschauung. So sind z.B. innerhalb der buddhistischen Philosophie verschiedene Systeme und Traditionen entstanden, die sich in der Auslegung der Grundprinzipien oft nur in Nuancen unterscheiden. In Tibet haben die philosophischen Kontroversen bis heute angehalten und die polemischen Schriften bilden einen eigenen Literaturzweig. In der Dzog-chen Lehre wird den philosophischen Ansichten und Überzeugungen keine Bedeutung beigemessen. Ihre Sichtweise beruht nicht auf intellektuellem Wissen, sondern auf dem Bewußt-Sein der wahren Existenzbedingungen des Individuums.

Im allgemeinen hat jeder Mensch seine eigene Denkweise und Lebensauffassung, auch wenn nicht jeder fähig ist, sie genau zu erläutern und philosophisch zu definieren. Alle philosophischen Theorien sind von Menschen, d.h. von ihrem dualistischen und trügerischen Geist hervorgebracht worden. Was dieser heute für wahr hält, kann sich morgen schon als falsch erweisen. Es gibt keine Garantie dafür, daß es allgemeingültig ist. Deswegen ist jede intellektuelle Sichtweise immer partiell und relativ. Es gibt keine Wahrheit, die durch Logik gesucht oder bestätigt werden kann. Wir sollten vielmehr erkennen, wie uns der Geist unaufhörlich im Dualismus begrenzt.

Dualismus ist die wahre Ursache alles Leids und aller Konflikte. Alle Vorstellungen und Überzeugungen, wie tiefgehend sie auch sein mögen, sind wie Netze, die uns innerhalb des Dualismus gefangen halten. Wenn wir unsere Grenzen erkennen, müssen wir versuchen, sie zu überwinden und uns von jeglicher Art religiöser, politischer und sozialer Überzeugung, die uns konditioniert, befreien. Wir müssen auch unsere Vorstellungen von "Erleuchtung", von der "Natur des Geistes" und ähnlichem aufgeben, damit wir uns nicht mit einem rein intellektuellen Wissen zufrieden geben und dabei versäumen, dieses Wissen in unser konkretes Dasein zu integrieren.

Es ist daher notwendig, direkt von dem auszugehen, was wir kennen, nämlich von unserer menschlichen, körperlichen Dimension. Die Lehre spricht von drei Aspekten des Individuums: Körper, Stimme, Geist. Diese drei bilden unsere relative Existenz, die wiederum der Zeit und der Spaltung in Subjekt und Objekt unterworfen ist. Was sich jenseits von Zeit und Dualität befindet, wird die "absolute Existenz" genannt, der wahre Zustand des Körpers, der Stimme und des Geistes. Um dies jedoch erfahren zu können, ist es notwendig, zunächst unsere relative Existenz zu verstehen.

Der Körper ist für uns etwas sehr Konkretes. Er ist die stoffliche Form, die uns auf die menschliche Dimension beschränkt. Seine äußere Entsprechung ist die materielle Dimension, mit der er eng verbunden ist. So spricht man im Tantra z.B. von genauen Entsprechungen zwischen menschlichem Körper und Universum, die auf dem Prinzip einer einzigen grundlegenden Energie beruhen. Unsere Vorstellung von uns selbst beginnt mit der Betrachtung unserer körperlichen Existenz. Davon ausgehend, entwickelt sich das "Ich", die Anhaftung und alle daraus folgenden Begriffe von Besitz; daraus folgen Vorstellungen wie "mein" Haus, "mein" Land, "mein" Planet usw.

Über die materielle Dimension des Körpers können wir dessen Energie oder "Stimme" verstehen, den zweiten Aspekt des Individuums. Energie ist nicht materiell, nicht sichtbar oder greifbar. Sie ist subtiler und schwieriger zu verstehen. Einer ihrer wahrnehmbaren Aspekte ist die Schwingung, der Klang, deshalb wird sie auch als "Stimme" bezeichnet. Die Stimme ist mit der Atmung verbunden und diese wiederum mit der Lebensenergie. Die Körperbewegungen und Atemübungen haben im Yantra Yoga[4] das Ziel, diese Lebensenergie kontrollieren zu können.

Die Beziehung, die zwischen Stimme, Atmung und Energie besteht, läßt sich an der Wirkungsweise des Mantra erklären. Mantra ist eine Reihe von Silben, deren Kraft im Klang liegt. Dadurch, daß ein Mantra wiederholt rezitiert wird, entsteht die Kontrolle über eine bestimmte Art von Energie. Die Energie des Individuums steht in engem Zusammenhang mit der äußeren Energie und dadurch ist eine gegenseitige Beeinflußung möglich. Dieses Wissen um die verschiedenen Aspekte der Beziehungen zwischen den beiden Energien ist die Grundlage der rituellen Bön Tradition, die bis heute von den westlichen Studien ziemlich vernachlässigt worden ist. In der Bön Tradition wird die Ursache vieler Krankheiten und Störungen als Folge von Einflüssen mehrer Klassen von Wesen verstanden, welche die Fähigkeit haben, bestimmte Arten von Energien zu beherrschen. Ist die Energie eines Individuums geschwächt, so ist es, als stünde eine Tür für die Provokationen durch jene Wesen offen. Deshalb wird der Unversehrtheit der Energie eines Individuums große Bedeutung beigemessen.

Andererseits ist es möglich, die äußere Energie zu beinflussen, also sogenannte "Wunder" zu vollbringen. Dies ist Resultat der Kontrolle der eigenen Energie, wodurch die Fähigkeit erlangt wird, die äußeren Phänomene zu beherrschen.

Der Geist ist der subtilste und verborgendste Aspekt der relativen Existenz. Es ist jedoch nicht schwierig, sein Vorhandensein wahrzunehmen. Es genügt zu beobachten, wie die Gedanken entstehen, und wie wir uns von ihren Bewegungen mitreißen lassen. Wenn man gefragt wird: "Was ist der Geist?", dann können wir darauf antworten, daß Geist gerade das ist, was die Frage stellt. Geist ist der ununterbrochene Fluß der Gedanken, die entstehen und vergehen. Der Geist hat die Fähigkeit,Urteile zu bilden, zu argumentieren und sich etwas vorzustellen, wobei er durch die Vorstellungen von Zeit und Raum begrenzt ist. Aber hinter dem Geist, hinter den Gedanken gibt es etwas, das wir die "Natur des Geistes" nennen, die wahre Existenz jenseits aller Grenzen. Aber können wir die Natur des Geistes verstehen, wenn sie doch jenseits unseres Geistes liegt?

Um dies zu veranschaulichen, benutzen wir das Beispiel eines Spiegels. Wenn wir in einen Spiegel schauen, sehen wir das Spiegelbild all jener Gegenstände, die sich vor ihm befinden und nicht die Natur des Spiegels. Was verstehen wir unter der Natur des Spiegels? Es ist seine Eigenschaft zu reflektieren, die als Klarheit, Reinheit und Ungetrübtheit definiert werden kann und unerläßliche Bedingung für die Spiegelungen ist. Diese Natur des Spiegels ist nichts Sichtbares und sie kann nur anhand der reflektierten Bilder erfaßt werden. In gleicher Weise können wir nur dann etwas wissen und konkrete Erfahrungen machen, wenn wir uns auf unseren Körper, unsere Stimme und unseren Geist beziehen. Sie selbst sind Mittel, um unsere wahre Natur zu verstehen.

Tatsächlich gibt es, vom absoluten Standpunkt aus betrachtet, keinen Unterschied zwischen der relativen Existenz und ihrer wahren Natur, so wie der Spiegel und seine Spiegelbilder untrennbar, ein und dasselbe sind. Nun ist es jedoch so, als ob wir aus dem Spiegel herausgetreten wären und die Spiegelbilder, die darin erscheinen, beobachten. Da wir nicht wissen, daß unsere Natur Klarheit, Reinheit und Ungetrübtheit ist, halten wir die Spiegelbilder für real und hegen und pflegen damit unsere Abneigung oder Anhaftung. Anstatt Mittel zu sein, die wahre Natur zu erkennen, sind die Spiegelbilder Faktoren für unsere Abhängigkeit geworden. Wir leben zerstreut durch unsere Umstände und messen den Dingen große Bedeutung bei.

Diese allgemein menschliche Situation wird in der Lehre als "Unwissenheit" bezeichnet. Selbst jemand, der sich mit der Vorstellung von der "Natur des Geistes" gründlich befaßt hat, aber nicht wirklich seine eigene Situation begreift, kann als unwissend bezeichnet werden, da für ihn die "Natur des Geistes" nur ein intellektuelles Wissen ist. Unsere wahre Natur zu verstehen erfordert nicht unbedingt gedankliche

Prozesse der Analyse und des diskursiven Denkens. Wer nur ein rein intellektuelles Wissen von der Natur des Spiegels hat, wird trotzdem, wie jeder andere, von den reflektierten Spiegelbildern weiterhin angezogen werden, sie für schön oder häßlich halten und sich so von dem dualistischen Geist einfangen lassen. Unter "Wissen" versteht die Dzogchen Lehre, selbst wie der Spiegel zu werden, dessen Natur von den Bildern, die sich in ihm spiegeln, nicht getrübt werden kann. Wenn wir uns im Zustand unserer wahren Natur befinden, kann uns nichts bedingen. Alles ist Teil der natürlichen Eigenschaften unseres ursprünglichen Zustandes. Der wesentliche Punkt ist deshalb nicht, unsere relative Existenz aufzugeben oder umzuwandeln, sondern ihre wahre Natur zu verstehen. Dazu ist es notwendig, uns von allen Verfälschungen und vorgefaßten Ideen, mit denen wir ständig leben, zu befreien.

Wir haben einen sehr empfindlichen materiellen Körper mit vielerlei Bedürfnissen, die wir beachten sollten. Wenn wir Hunger haben, müssen wir essen, wenn wir müde sind, müssen wir uns ausruhen usw. Tun wir das nicht, können daraus ernsthafte gesundheitliche Probleme entstehen, denn die Grenzen unseres Körpers sind konkret. Die Lehre spricht zwar immer davon, die Anhaftung an den Körper zu überwinden, aber das bedeutet nicht, willkürlich seine Grenzen zu überschreiten und seine Bedürfnisse zu verleugnen. Der erste Schritt, die Anhaftung zu überwinden ist, die Lebensbedingungen des Körpers zu verstehen und entsprechend zu respektieren.

Dies läßt sich auch auf den Bereich unserer Energie und ihrer Wirkungsweise übertragen. Wenn wir darüber nichts wissen und versuchen, gegen ihre natürlichen Grenzen anzukämpfen, entstehen daraus Störungen, die sich auf die körperliche und geistige Ebene ausdehnen können. So vertritt die tibetische Medizin die Auffassung, daß einige Formen der Geisteskrankheiten durch eine in unserem Körper fehlgeleitete Zirkulation einer bestimmten Art von feinstofflicher Lebensenergie entstehen.

Heutzutage beobachten wir eine immer weitere Ausbreitung von Krankheiten, wie z.B. Krebs, die mit Störungen der Energie verbunden sind. Auch wenn die Schulmedizin die einzelnen Symptome erkannt hat, weiß sie nichts über die grundlegenden Ursachen, da sie kein Wissen über die Wirkungsweise der Energie besitzt. Wenn sich eine therapeutische Behandlung in diesen Fällen als unwirksam erweist, wendet die tibetische Medizin die Rezitation von Mantras an, die über Klang und Atmung den Energiezustand beeinflußt und koordiniert. Außerdem werden im Yantra Yoga bestimmte Körperhaltungen sowie die Kontrolle der Atmung und die geistige Konzentration dazu verwendet, energetische Ungleichgewichte zu beheben.

Die Dzog-chen Lehre empfiehlt, den Energiehaushalt niemals zu strapazieren und sich seiner Grenzen unter den verschiedenen Umständen immer bewußt zu sein. Wenn wir uns manchmal nicht danach fühlen, uns hinzusetzen, um zu praktizieren, sollten wir nicht gegen uns ankämpfen. Der Grund dafür könnte ein Energieproblem sein, von dem wir nichts wissen. In solchen Fällen ist es wichtig, sich zu entspannen und sich Raum zu geben, um den Fortschritt der Praxis nicht zu hemmen. Auch Probleme wie Einsamkeit, Depression, geistige Verwirrung usw. resultieren oft aus einer Diskoordination der Energie.

Der Geist beeinflußt sowohl Körper als auch Energie und hängt gleichzeitig vom Zustand beider ab. Der Geist kann manchmal so unter dem Einfluß der Energie stehen, daß sein Gleichgewicht erst wiederhergestellt werden kann, wenn deren Störung behoben worden ist. Es ist sehr wichtig, die gegenseitige Abhängigkeit von Geist und Energie zu verstehen. Alle buddhistischen Traditionen sprechen, wenn sie Meditation lehren, davon, daß eine ruhige und tiefe Atmung den Zustand geistiger Ruhe begünstigt. Beobachten wir hingegen einen erregten Menschen mit einem unruhigen Geist, so werden wir feststellen, daß seine Atmung schnell und keuchend ist. Es gibt Fälle, in denen es nicht möglich ist, den Geist durch Meditation zur Ruhe zu bringen. Dann wird es notwendig, Bewegungen und Atmungen des Yantra Yoga auszuführen, um die Energie wieder zu koordinieren.

Um uns unsere relative Existenz zu veranschaulichen, stellen wir uns einen Käfig vor. Ein Individuum ist wie ein Vogel, der von einem Käfig, der die Grenzen von Körper, Stimme und Geist darstellt, eingeschlossen und beschützt ist. Dieser Käfig ist nichts Schreckliches, sondern die natürliche Bedingung des Menschen, um in seiner Dimension leben zu können. Das Problem ist, daß wir uns dessen nicht bewußt sind oder Angst haben, dieses zu erkennen, da wir von klein auf in diesem Käfig leben.

Sehen wir uns einmal an, wie ein Kind diesem Prozeß der Konditionierung unterworfen wird. In den ersten Lebensmonaten, wenn es noch nicht sprechen und denken kann, wiegen es die glücklichen Eltern in den Armen und flüstern ihm liebevolle Worte zu. Aber sobald das Kind zu laufen beginnt und alles anfassen will, sagen sie: "Faß das nicht an, geh da nicht hin!" Allmählich, während das Kind heranwächst, versuchen die Eltern, ihm immer mehr vorzuschreiben, wie es sich ausdrücken soll, am Tisch sitzen soll, essen soll usw., damit es ein Musterkind wird. Die Eltern sind dann stolz, aber in Wirklichkeit nimmt das arme Kind vollkommen ihre Mentalität an: es lernt, im Käfig zu leben. Mit sechs Jahren kommt es in die Schule, mit allen ihren Regeln und Geboten. Das Kind hat dort einige Schwierigkeiten zu überwinden, aber nach und nach gewöhnt es sich an diesen zusätzlichen Käfig. Heutzutage sind viele Jahre nötig, um den für das Leben in der Gesellschaft unerläßlichen Käfig zu vervollständigen. Es gibt noch viele andere Faktoren, die uns beeinflußen: politische Ideen, religiöser Glaube, Freundschaftsbeziehungen, Arbeitskontakte usw. Wenn der Aufbau des Käfigs weit genug vorangeschritten ist, sind wir bereit, darin zu leben und fühlen uns beschützt. Endlich sind wir selbständig geworden: wir wissen, wo es Wasser, Nahrung usw. gibt. So sind die Lebensumstände jedes Einzelnen, die wir erkennen müssen, indem wir uns selbst beobachten.

Nur wer sich seiner Grenzen bewußt ist, kann sie überwinden. Ein Vogel, der in einem Käfig lebt, wird darin seine Küken zur Welt bringen. Die kleinen Vögel werden mit Flügeln geboren. Auch wenn sie im Käfig nicht fliegen können, so zeigt doch die Tatsache, daß sie mit Flügeln geboren werden, daß ihre wahre Natur der Kontakt mit dem freien Raum des Himmels ist. Ein kleiner Vogel, der immer nur im Käfig gelebt hat, könnte auf viele Gefahren stoßen, wenn er unversehens freikäme, da er die Außenwelt nicht kennt. Ein Falke könnte ihn fressen oder er könnte von einer Katze gefangen werden. Daher ist es für den kleinen Vogel wichtig, daß er zunächst übt, in einem begrenzten Raum umherzuflattern, bis er bereit ist, sich endgültig in die Lüfte zu schwingen.

Genauso ist es auch mit uns. Wenn es auch schwierig ist, alle unsere Grenzen augenblicklich zu überwinden - wichtig ist zu wissen, daß unser wirklicher Zustand jenseits aller Konditionierungen liegt und daß es möglich ist, ihn wieder zu entdecken.

Wir können lernen, über die Grenzen unserer dualistischen Daseinsform hinaus zu fliegen, bis wir bereit sind, sie ein für alle Mal hinter uns zu lassen. Fangen wir damit an, uns des Körpers, der Stimme und des Geistes bewußt zu werden. Unsere wahre Natur verstehen heißt, die relative Existenz zu verstehen und sie auf das ihr zugrundeliegende Prinzip zurückführen zu können wie ein Spiegel, der alles widerspiegelt und so seine Klarheit manifestiert.

ANMERKUNGEN

1 Werke von Vasubandhu, einem indischen Meister, die von der buddhistischen Metaphysik handeln.

2 Tsampa ist geröstetes Gerstenmehl und ist vermischt mit tibetischem Buttertee. Es ist das Grundnahrungsmittel der Tibeter.

3 Der 5.Dalai Lama, Lobsang Gyatso (Blo.bzang rgya.mtsho) (1617-82) war auch ein Tertön (gTer.ston), also jemand der Termas, geheime Texte enthüllt hat.

4 Yantra Yoga ('phrul 'khor) ist die buddhistische Ent-sprechung von Hatha Yoga. Es unterscheidet sich von Hatha Yoga durch die Dynamik der Bewegungen und die besondere Wichtigkeit, die der Atmung beigemessen wird. In Tibet sind verschiedene Arten von Yantra Yoga verbreitet, die traditionsgemäß mit speziellen Tantrapraktiken kombiniert sind. Namkhai Norbu hat in Neapel und Rom jahrelang eine Form des Yantra Yoga gelehrt, die auf den Meister Vairocana zurückgeht.

2. Die Wege der Entsagung und der Transformation

Die Vielfalt der unterschiedlichen Lehren und spirituellen Wege entspricht den unterschiedlichen Möglichkeiten der Individuen, etwas zu verstehen. Es gibt an sich keine vollkommene oder beste Lehre. Der Wert einer Lehre besteht einzig und allein darin, das innere Erwachen des Individuums herbeizuführen. Sobald jemand Nutzen aus einer Lehre ziehen kann, ist diese für ihn der beste Weg, weil sie seiner Natur und seinen Fähigkeiten entspricht. Es wäre unsinnig, sie als höher oder niedriger im Vergleich zu anderen Lehren einzustufen.

Grundsätzlich können wir drei Wege oder Methoden der Lehre unterscheiden: Den Weg der Entsagung, den Weg der Transformation und den Weg der Selbstbefreiung, die sich jeweils auf die Grundlagen von Sutra, Tantra und Dzog-chen beziehen. Diese Wege entsprechen den drei Aspekten des Körpers, der Stimme und des Geistes, den "drei Toren", weil sie den Zugang zur Erkenntnis ermöglichen.

Der Weg des Entsagens ist in den Sutren, den Reden, die Buddha Sakyamuni zugeschrieben werden, enthalten. Grundlage der Sutra-Lehre ist die Darstellung der "Vier Edlen Wahrheiten": Die Wahrheit des Leidens, der Ursache des Leidens, der Auflösung der Ursachen und der Weg, der zu dieser Auflösung führt. Es wird überliefert, daß Buddha nach seiner Erleuchtung, als er seine ersten Schüler in Sarnath traf, mit der Übermittlung seines Wissens begann, indem er über die Erfahrung des Leidens sprach, die für alle Lebewesen am konkretesten und am ehesten nachvollziehbar ist. Wir alle sind außer dem natürlichen Leid von Geburt, Krankheit, Alter und Tod unendlich vielen anderen Arten des Leidens ausgesetzt. Was ist die Ursache allen Leidens? Das Verhaftetsein, das Verlangen und die Leidenschaften. Das ist die zweite Wahrheit. Die Leidenschaften erzeugen Karma und halten so alle Wesen ohne sichtbaren Ausweg in der Transmigration[1]. Aber die dritte Wahrheit besagt, daß die Ursache der Transmigration, wenn sie erst einmal erkannt ist, beseitigt werden kann, womit das Karma erlischt. Wie aber kann diese Ursache beseitigt werden? Über den Weg der Entsagung: das ist die vierte edle Wahrheit.

Die "Entsagung" geht von dem Prinzip aus, daß es notwendig ist, auf Handlungen, die negatives Karma erzeugen können, zu verzichten, oder sich ihrer zu enthalten, wenn man die Ursache des Leidens und der Transmigration aufheben will. Hier ist es nun wichtig, den Begriff Karma richtig zu verstehen, denn manchmal wird er ungenau und unvollständig interpretiert. Die Grundidee des Karma (wörtlich: Aktion) ist, daß jede Handlung bestimmte Wirkungen nach sich zieht. Diese Wirkungen sind jedoch umkehrbar. Karma ist kein unausweichliches Gesetz, das nicht verändert werden kann. Damit die Wirkung des Karmas eintreten kann, müssen die entsprechenden Umstände vorhanden sein, die sogenannten "sekundären Ursachen". Im allgemeinen wird Karma durch zwei wesentliche Faktoren erklärt: Durch die primäre und die sekundäre Ursache. Für eine primäre Ursache, die potentiell Wirkungen erzeugen kann, sind drei Elemente erforderlich: Absicht, eigentliche Handlung und Befriedigung. Die karmische Primärursache, die sich auf diese Weise gebildet hat, ist vergleichbar mit dem Samen einer Blume, der jedoch für seine Entwicklung weitere unabdingbare Faktoren wie Wasser, Dünger und Sonnenlicht benötigt. All diese Faktoren ähneln den sekundären Faktoren, die durch die unterschiedlichen Lebensumstände gebildet werden. Wenn wir uns dessen bewußt sind, ist es möglich, jene Umstände nicht zu begünstigen, durch die die karmischen Primärursachen eintreten könnten. Eine im vergangenen Leben begangene Handlung, die in diesem Leben zu meiner Ermordung führen kann, ist eine Primärursache, die sich manifestieren kann, wenn die dazu notwendigen Sekundärursachen vorhanden sind, wie z.B. ein Streit. Wenn ich mir jedoch während eines Streits bewußt bin, daß ich negatives Karma erzeuge, und nicht wütend werde, wird sich wahrscheinlich auch die andere Person beruhigen und so habe ich die Möglichkeit, umgebracht zu werden, vermieden. Im allgemeinen spiegeln die Sekundärursachen immer die Primärursachen wider. Buddha hat gesagt: "Willst du wissen, was du in deinem vergangenen Leben getan hast, beobachte deine gegenwärtige Situation. Willst du wissen, wie dein zukünftiges Leben aussieht, so beobachte deine gegenwärtigen Handlungen.

Das Mittel, um den Weg der Entsagung zu praktizieren, ist die Beachtung der Verhaltensregeln, die von Buddha festgelegt wurden und im Vinaya, dem Gesetzeskodex der buddhistischen Mönche enthalten sind. Durch die Beachtung der Vorschriften, die sich auf Körper, Stimme und Geist beziehen, besteht die Möglichkeit, negatives Karma zu läutern und positives anzusammeln. Zusätzlich ist bereits die Einhaltung eines Gelübdes eine Quelle von Verdiensten. Wer z.B. nicht stiehlt, sammelt doppelten Verdienst an: Erstens, weil er eine solche Handlung nicht begangen hat und zweitens, weil er das Gelübde eingehalten hat. All dies beruht auf der Einschränkung des individuellen Verhaltens und ist hauptsächlich auf den Aspekt des Körpers, also die materielle Dimension, bezogen.

Im Sutra ist das Prinzip, negatives Karma zu beenden, auch die Grundlage der Meditation. So ist hier Ziel der Meditationspraxis, einen von Gedanken ungestörten Zustand geistiger Ruhe zu finden. Dadurch wird die Möglichkeit vermieden, durch die Leidenschaften negatives Karma zu erzeugen. Die Verwirklichung besteht im Auslöschen der illusorischen Persönlichkeit des Individuums, der Ursache aller Wünsche und Konflikte. Diese Ideen entsprechen der buddhistischen Tradition des Hinayana oder Theravada, die höchsten Wert auf die richtige Auslegung der ersten Belehrungen Buddha Sakyamunis legen. Mahayana beruht auf tieferliegenden Anschauungen, wie dem universalen "Mitgefühl" und der Leere aller Erscheinungen. In beiden Traditionen ist jedoch das Gelübde ein grundlegendes Element, um Entsagung zu praktizieren. Jemand, der die Ordensweihe empfängt, macht auch äußerlich seine weltliche Entsagung deutlich sichtbar, legt Mönchskleidung an, nimmt einen neuen Namen an und läßt sich den Kopf kahl scheren. Das Prinzip der Entsagung ist jedoch nicht auf die buddhistische Tradition des Mönchstums beschränkt. Es ist Grundlage aller religiösen Traditionen und aller weltlichen Gesetze der Gesellschaft.

Der Weg der Transformation ist in den tantrischen Lehren und Schriften zusammengefaßt, die über eine reine Erscheinung der Erleuchteten offenbart wurden. Die Symbolik zweier tantrischer Ritualgegenstände, Vajra und Glocke, kann uns über das grundlegende Prinzip des Tantra aufklären. Vajra steht für "Methode", Form als Darstellung des ursprünglichen Zustandes und Glocke steht für "Energie", die Leere oder "Substanz" der Darstellung[2]. Vajra bedeutet unzerstörbar und weist auf den ursprünglichen Zustand des Individuums, jenseits von Geburt und Tod, hin. Die Glocke, die für den Klang steht, ist das Symbol für die Energie des ursprünglichen Zustandes. Betrachten wir den Aufbau des Vajra: Das Zentrum bildet eine kleine Kugel, von der aus sich ein oberer und ein unterer Teil mit jeweils fünf symetrischen Verstrebungen ausbreitet. Die kleine Kugel, tibetisch Thigle (thig.le) genannt, symbolisiert die unbegrenzten potentiellen Möglichkeiten der Manifestation des ursprünglichen Zustandes. Die beiden Teile des Vajra repräsentieren die zwei grundlegenden Aspekte, in denen sich die Manifestation zeigt: Die reine Vision, oder Nirvana und die unreine Vision, oder Samsara.

Die unreine Vision beruht auf den fünf Aggregaten[3], die die Persönlichkeit eines Individuums ausmachen und auf ihrer Funktionsweise, den fünf Leidenschaften[4]. Die reine Vision ist die Manifestation der fünf Aggregate und der fünf Leidenschaften in ihrer reinen oder wahren Form in der Dimension der fünf Buddhas des Sambhogakaya und ihrer entsprechenden Weisheitsformen[5]. In beiden Fällen ist jedoch das Prinzip der Manifestation ein einziges, die Potentialität unseres ursprünglichen Zustandes. Deshalb sind die fünf Verstrebungen der beiden Teile des Vajra im Zentrum mit der Kugel verbunden. Samsara und Nirvana sind nur die dualistische Darstellung einer einzigen Essenz, die sich über die Energie offenbart. Energie und ihre Form sind untrennbar. Dies wird dadurch symbolisiert, daß der Griff der Glocke die Form des Vajra hat.

Die tantrischen Lehren beruhen auf dem Wissen um die Funktionsweise der Energie und ihrer Anwendung. Ihr Ursprung geht nicht auf

Vajra und Glocke

die mündliche Übertragung durch einen Meister zurück, wie im Fall der Sutren, die Buddha gelehrt hat, sondern auf die Erscheinungen der reinen Vision eines erleuchteten Individuums. Eine reine Erscheinung entsteht über den leuchtenden, feinstofflichen Aspekt der Energie der Elemente, während unsere unreine karmische Vision auf ihrem verdichteten, materiellen Aspekt beruht. Um diese Art der Übertragung zu empfangen, müssen wir in der Lage sein, die feinstoffliche Dimension des Lichts wahrzunehmen.

Die Essenz der Elemente ist das Licht, die Farbe, aber es handelt sich nicht um materielle Farben, die allen sichtbar sind. Wir nehmen nur die Farben wahr, die an die karmische Vision gebunden sind. Wenn diese in die feinstofflichen Dimensionen des Lichts zurückkehren, ist es für uns, als ob sie verschwinden würden. Ein Erleuchteter, der sein Karma gereinigt und seine materielle Erscheinung in die reine Dimension der Elemente reintegriert hat, offenbart seine Weisheit spontan durch Licht und Farbe. Um mit dieser reinen Dimension in Kontakt zu kommen, müssen wir unsere angeborene Klarheit aufs Höchste entwickeln durch die Reinigung der Hindernisse des Karmas und der Unwissenheit.

Um den Ursprung der Tantras genauer zu erklären, nehmen wir das Beispiel eines der bekanntesten Tantras, das Kalacakra, von dem angenommen wird, daß es von Buddha Sakyamuni[6] übertragen worden ist. Es ist jedoch offensichtlich, da Buddha ein Mönch war, daß es nicht von ihm in seiner physischen Gestalt übermittelt worden sein kann, denn die Gottheit Kalacakra ist in Vereinigung mit der Gefährtin im sogenannten "Yab-Yum"-Aspekt dargestellt. Das zeigt, daß die Übertragung eines Tantras nicht durch gewöhnlichen und natürlichen Kontakt erfolgt, sondern in der reinen Dimension der Transformation, die nur für Individuen mit entsprechender Fähigkeit wahrnehmbar ist. Was ist unter "Transformation" zu verstehen? Die Möglichkeit unendlicher Manifestationsformen, die ein Erleuchteter in der Dimension des Sambhogakaya annehmen kann, und die sich nach der Art der Wesen richtet, die die Manifestationen wahrnehmen. An diesem Punkt wird es notwendig, eine klare Vorstellung von der Natur der Dimension des Sambhogakaya zu haben.

Sambhogakaya ist Sanskrit und bedeutet "Körper" oder "Dimension" des Reichtums, also der unbegrenzten Potentialität aller Manifestationen der Weisheit. Diese Potentialität ist vergleichbar mit der eines Spiegels im Zentrum des Universums, der alle Arten von Wesen widerspiegelt. Die Manifestationen des Sambhogakaya sind jenseits von Zeit und den Gesetzmäßigkeiten der Materie und unabhängig vom absichtlichen Handeln eines Erleuchteten. So ist die Manifestation der Kalacakra-Gottheit nicht von Buddha Shakyamuni in einem bestimmten geschichtlichen Moment geschaffen worden, sondern sie war schon immer vorhanden, da die Dimension des Sambhogakaya unabhängig von der Zeit existiert. Diejenigen, die die Übertragung durch die reine Wahrnehmung einer Manifestation Buddhas erhalten hatten, erklärten sie über Worte und Symbole, und so entstand das Kalacakra-Tantra.

Die visuelle Darstellung einer Manifestation der Transformation wird Mandala genannt und ist ein grundlegendes Element der tantrischen Praxis. Das Mandala ist wie eine Photographie, die im Moment der reinen Erscheinung der Gottheit aufgenommen wurde. Im Zentrum jedes Mandala befindet sich die Hauptgottheit, die den ursprünglichen Zustand der Existenz darstellt und dem Element Raum entspricht. In den vier Himmelsrichtungen, dargestellt durch die Farben der anderen vier Elemente, befinden sich vier weitere Formen der Gottheit, welche jeweils einen Wirkungsaspekt der Weisheit in ihren vier Aktivitäten[7] symbolisieren.

Die Gottheit eines Mandala wird nicht immer in menschlicher Gestalt, sondern manchmal mit einem oder mehreren Tierköpfen und einer entsprechenden Anzahl von Armen und Beinen dargestellt. Diese Tatsache ist von vielen Gelehrten als symbolische Darstellung der tantrischen Prinzipien gedeutet worden, was aber nur eine unvollständige und relative Interpretation ist. In Wirklichkeit entstehen alle Manifestationen der Gottheiten aus der Dimension des Sambhogakaya, und weil diese, wie wir schon erklärt haben, wie ein Spiegel ist, wird jeweils die Form des Wesens reflektiert, das sie wahrnimmt. Die sogenannte "tibetisch-tantrische" Kunst könnte tatsächlich ein Zeugnis für die Existenz verschiedener Klassen von Wesen sein, die das Universum bevölkern.

Nehmen wir zum Beispiel die ikonographische Darstellung der Dakini Sinhamukha, die den Kopf eines Löwen und den Körper einer Frau hat. Im allgemeinen sind Dakinis eine Klasse von Wesen in weiblicher Form, als Erscheinungsform der Energie. Sinhamukha ist die Sambhogakaya-Form einer Dakini. Ihr Name bedeutet in Sanskrit "Löwengesicht", weil ihr Gesicht dem eines Löwen gleicht, insbesondere dem mythischen Schneelöwen der tibetischen Volkstradition. Weil man keinen anderen vergleichbaren Begriff fand, einigte man sich darauf, daß diese Dakini ein Löwengesicht besitze, aber es ist nicht auszuschließen, daß es hier um das typische Aussehen einer Art von Wesen handelt, die wir nicht kennen.

Ein anderes Beispiel ist die zornvolle Gottheit Yamantaka, die mit einem Büffelkopf dargestellt wird. Sie gilt als Sambhogakaya-Manifestation des Bodhisattva Manjusri und soll von den Yamas, einer bestimmten Klasse von Wesen, die büffelähnliche Köpfe haben sollen, wahrgenommen worden sein.

Eine Sambhogakaya-Manifestation erfolgt durch drei Aspekte: durch Klang, Licht und Strahlen. Der Klang ist das erste Stadium der Energiemanifestation, die in der Dimension der Transformation als Mantra wahrgenommen wird. Diese Mantras, die als "natürlicher Klang des Vajra" bezeichnet werden - weil sie spontan entstanden sind - werden in der Praxis benutzt, um die Visualisation mit der Wirkung der Energie zu verbinden. Das Licht ist der sichtbare Aspekt der Energie, in einem Stadium, in dem sie noch keine spezifische Form angenommen hat. Durch die "Strahlen" erscheinen dann die unendlichen Formen und Farben des Mandala und der Gottheiten. Jedes Individuum besitzt potentiell diese drei Aspekte.

Im Tantra wird gesagt: "Die Frucht wird als Weg angewandt", weil die Dimension des Mandala, die Manifestation der Erleuchteten oder "Frucht", durch die mündliche und symbolische Übertragung eines Meisters zum Weg der Verwirklichung wird. Viele Texte sprechen davon, daß verschiedene Tantras ursprünglich an indische Mahasiddhas übermittelt wurden, die sich nach Oddiyana begaben und noch ehe sie dort ankamen, durch Visionen die Übermittlung erhielten. Oddiyana, Heimat des Tantra und des Dzog-chen sowie Geburtsort von Meistern wie Garab Dorje und Padmasambhava, wird manchmal auch "Land der Dakinis" genannt, ein Ausdruck der benutzt wird, um auf die Häufigkeit dieser Energiemanifestationen des Universums an einem bestimmten Ort hinzuweisen.

Die verwirklichten Meister, die die Tantras aus den verschiedenen Dimensionen in die Welt der Menschen "importiert" haben, übertrugen die reine Dimension der Transformation durch die Darstellung des

Mandala. Diese Übertragung erfolgt jedesmal, wenn ein Meister einen Schüler in ein Tantra einweiht.

Während der Einweihung gibt der Meister eine Beschreibung des zu visualisierenden Mandala und im besonderen der Gottheit, in die die Verwandlung erfolgen soll. Er visualisiert also selbst die Dimension der Transformation und erteilt die Ermächtigung für die Praxis durch die Übertragung der natürlichen Klänge des spezifischen Mantras der Gottheit. Nachdem der Schüler die Einweihung erhalten und eine erste Erfahrung mit der Transformation in die reine Vision gemacht hat, ist er darauf vorbereitet, diesen Weg durch Visualisation und Mantrarezitation anzuwenden.Er versucht mit diesen Mitteln die gewöhnliche, unreine Vision in die reine Dimension des Mandala der Gottheit zu transformieren.

Alle Tantras beruhen auf dem Prinzip der Transformation über das Wissen um die Funktionen der Energie. Die Bedeutung des Wortes "Tantra", "Kontinuität", bezieht sich auf die Natur der Energie des ursprünglichen Zustandes, sich ununterbrochen zu manifestieren.

Die tantrische Praxis umfaßt zwei Phasen: Die Entwicklung (bskyed.rim) und die Vervollkommnung (rdzogs.rim). Die erste Phase besteht in der schrittweisen Visualisierung des Mandala, die von der Keimsilbe der Gottheit und jenen der vier Elemente ausgeht. Nachdem das Mandala in der Vorstellung komplett aufgebaut ist, wird das Mantra rezitiert, während die Visualisation, bei der man sich selbst in die zentrale Gottheit transformiert hat, beibehalten wird. In dieser Phase wird viel mit der Vorstellungskraft des Geistes gearbeitet und versucht, die Fähigkeit zu visualisieren, so weit wie möglich zu entwickeln. Die zweite Phase, die "Vervollkommnung", ist auf die Visualisation des inneren Mandala, der Chakras und Nadis[8], und auf das unaufhörliche Kreisen der Mantra-Silben zentriert. Zum Schluß der Praxis werden sowohl das äußere Mandala als auch das innere in die Dimension des Körpers, der Stimme und des Geistes des Praktizierenden integriert. Als Endergebnis manifestiert sich die reine Vision, ohne daß sie noch von der Visualisation abhängt, sie wird vielmehr Teil der natürlichen Klarheit. So wird der Zustand der vollkommenen Reintegration der reinen Vision in die unreine Vision verwirklicht: Das Mahamudra, das große Symbol, in dem Samsara und Nirvana untrennbar vereint sind.

Diese Methode der Praxis, die auf der stufenweisen Transformation beruht, wird in der Mahayoga-Tradition der Nyingmapa-Schule und in allen Anuttara-Tantras[9] der anderen Schulen angewandt. Aber es gibt auch eine tantrische Methode, die auf der unmittelbaren, nicht-graduellen Transformation beruht und ein besonderes Merkmal der Anuyoga-Tradition ist. Das Prinzip des Anuyoga ist die ursprüngliche Vollkommenheit des Mandala und der Gottheit im Seinszustand jedes Individuums, deshalb ist es nicht nötig, komplizierte graduelle Visualisationen durchzuführen. Es genügt vielmehr das plötzliche Vorhandensein der Dimension des Mandala, damit sie sich augenblicklich manifestieren kann. Im übrigen beruht die Praxis hauptsächlich auf der Visualisierungsphase der "Vervollkommnung". Das Ende, der Zustand der vollkommenen Reintegration, wird nicht Mahamudra, sondern "Dzog-chen" genannt. Das zeigt, daß das Prinzip der ursprünglichen Vollkommenheit dasselbe ist, das der Dzog-chen Lehre zugrunde liegt, auch wenn der Weg verschieden ist.

Wenn die Fähigkeit zur Transformation wirklich erreicht ist, kann sie im täglichen Verhalten angewandt werden zur Umwandlung der Leidenschaften in Weisheit.

Der Buddhismus spricht von drei Hauptleidenschaften: Zorn, Anhaftung und geistige Verwirrung, den sogenannten "drei Giften", da sie Ursache der Transmigration sind. Die tantrische Lehre geht davon aus, daß es möglich ist, diese Gifte in Weisheit umzuwandeln und zwar durch drei bestimmte Methoden der Transformation. Die Leidenschaft des Zorns wird in den zornvollen Aspekt der Gottheit, die Anhaftung in den freudvollen und die Unwissenheit in den friedvollen Aspekt transformiert[10]. Indem sich der Praktizierende in diesen Aspekten der Gottheit übt, gelingt es ihm, die Leidenschaften zu überwinden und sie in ebensoviele Weisheiten umzuwandeln. Nehmen wir ein konkretes Beispiel. Wenn wir auf jemanden böse sind und einen starken Zorn verspüren, können wir sofort versuchen, uns selbst in eine zornvolle Gottheit in der reinen Dimension des Sambhogakaya zu verwandeln. Auf diese Weise kann sich der Zorn bis zu einem Punkt steigern, an dem er das Universum erzittern läßt. Aber da es keine dualistische Betrachtung von Subjekt und Objekt mehr gibt, wird er sich als reine Energie, ohne Zielscheibe, befreien.

Jemand, der den Weg der "Entsagung" praktiziert, wird unter den gleichen Umständen versuchen, den zornvollen Zustand zu beenden, indem er an die Konsequenzen des negativen Karmas denkt. So können wir den Unterschied zwischen den verschiedenen Methoden der Praxis verstehen. Der Praktizierende der "Entsagung" versucht, auch wenn er echten Zorn in sich verspürt, ihn um jeden Preis zu vermeiden und hat Angst davor, sich mit ihm zu konfrontieren. Ein Praktizierender des Tantra hingegen ist sich bewußt, daß die Blockierung der Energie auch Störungen an Körper und Geist verursachen kann. Er hemmt und unterdrückt seine Energie nicht, sondern weiß sie als Mittel zur Transformation zu benutzen. Zu diesem Zweck ist es jedoch notwendig, die Fähigkeiten in der Praxis schon weit entwickelt zu haben.

Das sind in groben Zügen die Merkmale des sutrischen und des tantrischen Weges. Dzog-chen lehrt die direkte Methode der Selbstbefreiung, bei der es nichts aufzugeben oder zu transformieren gibt. Wer jedoch nicht die dazu nötigen Fähigkeiten besitzt, wird über die Methode der Selbstbefreiung keine konkreten Resultate erzielen. Deshalb rät die Dzog-chen Lehre, je nach den jeweiligen Umständen und Fähigkeiten jede Art von Praxis anzuwenden, solange bis das Wissen zur Selbstbefreiung wirklich erworben worden ist. Dies gehört zur Verantwortung und Bewußtheit des Praktizierenden.

ANMERKUNGEN

1 "Transmigration" bezeichnet das leidvolle,unzählige Leben dauernde "Umherwandern" der Wesen im Samsara, d.h., das Verharren in der kosmischen Vision der Dualität. (Anm.d.dt.Übers.)

2 Im Tantra werden Methode (upaya, thabs) und Energie (prajna, shes.rab) als die beiden Grundprinzipien der Existenz angesehen, die der männlichen und weiblichen, solaren und lunaren Kraft entsprechen. Prajna (höhere Erkenntnis) ist in diesem Zusammenhang gleichbedeutend mit "Energie".

3 Die fünf "Aggregate" (skandha), ein Grundbegriff, mit dem die buddhistische Psychologie arbeitet, sind: Form, Empfindung, Wahrnehmung, Wille und Bewußtsein. Siehe

C.Trungpa, Jenseits von Hoffnung und Furcht - Gespräche über Abhidharma, Oktopus-Verlag, Wien 1978.

4 Die fünf Leidenschaften sind: Zorn, Anhaftung, Unwissenheit, Stolz und Eifersucht.

5 Die fünf Buddhas sind die Sambhogakaya-Erscheinungen der menschlichen Existenz. Die fünf Weisheiten stehen für Funktionen, die mit den fünf Grundelementen verbunden sind: Raum, Luft, Wasser, Erde und Feuer. Siehe K.Dowman, Sky Dancer, Routledge & Kegan Paul, London 1984 (S.193), für die entsprechenden Bezeichnungen.

6 Das Kalacakra-Tantra soll Buddha Shakyamuni im Alter von 81 Jahren beim Dhanakuta-Stupa in Südindien übermittelt haben.

7 Die vier Aktivitäten der Weisheit sind: die friedvolle Aktivität für die Reinigung, sie entspricht dem Element Wasser, dem Osten und der Farbe Weiß;. die zornvolle Aktivität für die Unterwerfung der negativen Kräfte, sie entspricht dem Element Luft, dem Norden und der Farbe Grün; die Aktivität der Macht für die Eroberung, sie entspricht dem Element Feuer, dem Westen und der Farbe Rot; die Aktivität des Wachstums für die Fruchtbarkeit, sie entspricht dem Element Erde, dem Süden und der Farbe Gelb.

8 Chakras, wörtlich "Räder", sind die Hauptpunkte, in denen sich die Energie im menschlichen Körper konzentriert. Je nach Methode der Tantras benutzt man die Visualisierung von drei, vier, fünf, sechs oder sieben Chakras. Die Nadis sind die feinstofflichen, nichtmateriellen Kanäle, durch die die Energie in allen Teilen des Körpers zirkuliert.

9 Die Anuttara-Tantras werden unterteilt in "väterliche", in denen bei der Praxis mehr Wert auf die Phase der Entwicklung gelegt wird; "mütterliche", in denen mehr Wert auf die Phase der Vervollkommnung gelegt wird und "nicht-duale", in denen die beiden Phasen im Gleichgewicht sind.

10 Der Begriff "Gottheit" ist eine unvollständige und ungenaue Übersetzung für yi.dam, das wörtlich "geheiligter Geist" bedeutet. Im Tantra ist die "Gottheit" die reine Manifestation der Dimension des Individuums und nicht etwas äußeres. Der zornvolle Aspekt steht für die Dynamik der Energie, der freudvolle für die Empfindung des Glücks und der friedvolle für den ruhigen Zustand des Geistes ohne Gedanken.

3. Der Weg der Selbstbefreiung

Die Dzog-chen Lehre ist auch als Ati-Yoga, das "uranfängliche Yoga" bekannt. "Yoga" im Sinne des tibetischen Begriffes naljor (rnal.'byor) bedeutet "über den authentischen Zustand verfügen", das Wissen um den ursprünglichen Zustand des Individuums. Ein anderer Begriff, der gebraucht wird, um Dzog-chen zu bezeichnen, ist die Lehre vom Zustand des Geistes von Samantabhadra, d.h. von der ursprünglichen Erleuchtung[1]. Die Methode des Weges wird "Selbstbefreiung" genannt, weil sie sich auf die Erkenntnis, das Verstehen, stützt. Aber es geht nicht darum, einen Gegenstand zu erkennen, sondern vielmehr darum, den Zustand jenseits des Geistes zu erfahren, die Kontemplation. Und doch gibt es keine Möglichkeit, diesen Zustand zu verstehen, wenn wir nicht vom Geist ausgehen. Deshalb wird gesagt, daß der Weg der Selbstbefreiung, im Vergleich zu den Wegen der Entsagung und der Transformation, stärker mit dem Aspekt des Geistes verbunden ist.

Dzog-chen führt direkt in den Zustand des Individuums ein, durch die Erklärung der ursprünglichen Grundlage der Existenz, des eigentlichen Zustandes aller Wesen.

Ein fundamentaler Begriff sowohl im Sutra als auch im Tantra ist die "Natur des Geistes", der wirkliche Zustand des Geistes, jenseits der Begrenzungen des Intellekts und der Zeit. Diesem liegt das Prinzip der Leere oder sunyata, das den Kern der Mahayana-Tradition bildet, zugrunde. In der Literatur des Prajnaparamita[2] bedeutet "Leere" die Essenz einer "Substanz" oder das, was jeder Erscheinung ihre "eigenständige Existenz" gibt - die wirkliche Bedingung für alles Existierende[3]. Wenn wir uns auf das Individuum beziehen, nennen wir diese Bedingung die "Natur des Geistes".

Im Dzog-chen werden viele Begriffe benutzt, um die Natur des Geistes zu bezeichnen, u.a. "uranfängliche Grundlage" (ye.gzhi), "Grundlage für alles" (kun.gzhi) oder "Essenz des uranfänglichen Bodhicitta" (ye.gzhi snying.po byang.chub.kyi sems). Letzteren Begriff finden wir in zahlreichen alten Dzog-chen Texten und es kann nützlich sein, seine Bedeutung zu erklären.

Im Mahayana bedeutet Bodhicitta die Verpflichtung, alle Wesen zur Erleuchtung zu führen und geht von der Empfindung eines allumfassenden Mitgefühls aus. Im besonderen wird von zwei Arten von Bodhicitta gesprochen, dem relativen und dem absoluten. Relatives Bodhicitta bedeutet, das Denken in der Absicht zu schulen, anderen Gutes zu tun, und wirklich selbstloses Handeln zu praktizieren. Absolutes Bodhicitta ist die Erkenntnis der Leere aller Erscheinungen und nähert sich dem Begriff des "uranfänglichen Bodhicitta" der Dzog-chen Lehre an.

Die tibetische Übersetzung von Bodhicitta, chang-chub-sem (byang.chub.sems) setzt sich aus folgenden drei Wörtern zusammen: Chang (byang), bedeutet "gereinigt", chub "vervollkommnet" und sem (sems) "Geist". "Geist" steht hier für "Natur des Geistes"; "gereinigt" weist darauf hin, daß alles negative Karma und alle Hindernisse geläutert sind; "vervollkommnet" heißt, daß alle Ziele und Qualitäten erreicht wurden. Das uranfängliche Bodhicitta ist der Zustand des Individuums, das schon von Anfang an frei von Hindernissen und vollkommen ist und alle Manifestationen der Energie umfaßt. Es ist der Zustand jenseits von Dualität und Zeit, rein und vollkommen wie die Natur des Spiegels. Wenn wir ihn jedoch nicht erkennen, manifestiert er sich nicht. Daher ist es notwendig, die vorläufigen Hindernisse zu beseitigen.

Im Dzog-chen wird der von Anfang an bestehende Zustand des Urgrundes nicht nur als Leere definiert, es werden auch seine drei Aspekte oder charakteristischen Bedingungen erklärt, die sogenannten "drei uranfänglichen Weisheiten": Essenz, Natur und Energie.

Die Essenz ist Leere, das wahre Wesen des Individuums und der Erscheinungen. Sie ist Grundlage aller Wesen in der Erleuchtung wie in der Transmigration, ob sie sich dessen bewußt sind oder nicht. Sie wird als "von Anfang an rein" (ka.dag) bezeichnet, da sie - wie der Raum - frei von Hindernissen und Grundlage aller Existenzerscheinungen ist.

Die Natur ist Klarheit, die Manifestation des ursprünglichen Zustandes in all seinen Aspekten. Sie wird "in sich vollkommen" (lhun.grub) genannt, weil sie spontan von Anfang an existiert, wie die Sonne, die am Himmel erstrahlt. Klarheit ist die reine Qualität der Gedanken und aller wahrgenommenen Erscheinungen, unberührt von mentalen Beurteilungen. Bei der Betrachtung einer Blume zum Beispiel nehmen wir zunächst nur das Erscheinungsbild wahr, ohne daß der Verstand in Funktion tritt - eine Phase, die den Bruchteil einer Sekunde dauern kann. In einem zweiten Moment setzt das Beurteilen ein und wir bestimmen: "Es ist eine Blume, sie ist rot, duftend usw." Ab hier entspringen Neigung und Abneigung, Annahme und Ablehnung, die wiederum zu Karma und Transmigration führen. Die Klarheit ist jene Phase, in der die Wahrnehmung lebendig und gegenwärtig ist, der Geist aber noch nicht in Aktion getreten ist. Sie ist die Phase, in der sich der Zustand des Individuums aus sich selbst heraus manifestiert. Das gleiche gilt für die Gedanken: solange wir ihnen nicht nachgehen und sie noch frei von jeder Beurteilung sind, sind sie Teil der natürlichen Klarheiten.

Die Energie ist ununterbrochen[4]. Die Erklärung der Energie im Dzogchen ist ein zentraler Punkt für das Verständnis der Grundlage. Alle Dimensionen, ob rein oder unrein, materiell oder feinstofflich, sind Manifestationen oder Aspekte der Energie. Um den Ursprung der Transmigration und der Erleuchtung verständlich zu machen, werden drei Formen unterschieden, in denen die Energie in Erscheinung tritt: "tsel" (rtsal), "rolpa" (rol.pa) und "dang" (gdangs). Diese Begriffe sind in westliche Sprachen nicht zu übersetzen.

Um die Erscheinungsform der Energie "tsel" zu verstehen, nehmen wir das Beispiel einer Kristallkugel in der Nähe eines Fensters. Der Kristall ist rein und durchsichtig, doch wenn Sonnenstrahlen auf ihn fallen, wirft er farbiges Licht in den Raum. Diese Farben gehören nicht zum Kristall selbst, sondern treten durch eine sekundäre Ursache, hier die Sonnenstrahlen, in Erscheinung. Die Kristallkugel symbolisiert den ursprünglichen Zustand des Individuums, der gleichzeitig Essenz, Natur und Energie umfaßt. Die farbigen Strahlen, die sich im Raum ausbreiten, sind Beispiel für eine natürliche Manifestation der Energie, die für das Individuum als etwas von ihm Getrenntes erscheint. Wenn in dem Moment, in dem sich die Energie des ursprünglichen Zustands manifestiert, erkannt wird, daß sie eine Projektion der eigenen, ursprünglichen Beschaffenheit ist, verwirklicht man sich in der Dimension der reinen Vision. Nimmt man hingegen die Farben und Strahlen als etwas Äußeres wahr, manifestiert sich die unreine Vision. So ist die Ursache beider Visionen, Samsara wie Nirvana dieselbe: die Manifestation des Lichts des ursprünglichen Zustandes.

Um "rolpa" zu erklären, stellen wir uns einen Kristall vor, der statt die Farben nach außen zu brechen, sie in sich selbst reflektiert. Sie erscheinen also nicht außerhalb des Kristalls, sondern innerhalb seiner Oberfläche. In gleicher Weise kann sich die Energie des ursprünglichen

Zustandes innerhalb der eigenen Dimension entfalten, also für das Individuum als etwas "Subjektives". Dies geschieht z.B. im "Bardo", dem Zustand zwischen Tod und Wiedergeburt, wenn hundert friedvolle und zornvolle Gottheiten erscheinen. Diese befinden sich nicht außerhalb des Individuums, sondern sind die Manifestation seiner natürlichen und in sich selbst vervollkommneten Beschaffenheit. Diese Erscheinungen können jedoch nur diejenigen wahrnehmen, die im Laufe ihres Lebens eine entsprechende Übertragung von ihrem Meister empfangen und diese spezifische Methode der Transformation der friedvollen und zornvollen Gottheiten praktiziert haben. Ein gewöhnliches Wesen nimmt nur das Auftreten von "Klang, Licht und Strahlen" wahr, das manchmal nur einen Augenblick dauern kann und meistens Entsetzen hervorruft[5]. Deshalb wird im Tantra der Erkenntnis der Energie "rolpa", die die Grundlage aller Methoden der Transformation ist, große Bedeutung beigemessen.

Um "dang" zu verstehen, betrachten wir den Kristall selbst, seine Reinheit und Transparenz. Legen wir eine Kristallkugel in die Mitte eines farbigen Mandala und gehen im Kreis darum herum, so wird der Kristall von Mal zu Mal die Farbe annehmen, die der jeweiligen Richtung des Mandala entspricht, obgleich er selbst rein und durchsichtig bleibt. Das ist ein Beispiel dafür, wie die Energie sich verhält, bei allem, was in Erscheinung treten kann. Manchmal spricht man anstelle von "dang" von "gyen" (rgyan), dem "Ornament", weil im Zustand der Kontemplation alle Manifestationen der Energie als Ornament des ursprünglichen Zustandes "wahrgenommen" werden.

Hat die Einführung durch einen Meister stattgefunden, werden die Essenz, die Natur und die Energie als "die drei Körper der Grundlage" bezeichnet. Auf dem Weg der Praxis entsprechen sie den drei Aspekten oder charakteristischen Bedingungen der Natur des Geistes, dem Zustand der Ruhe (gnas.pa), der Bewegung ('gyu.ba) und dem bewußten Gegenwärtigsein (rig.pa)

Der ruhige Zustand ist jener Zustand des Geistes, in dem keine Gedanken aufkommen. Ein Beispiel dafür ist der Raum zwischen einem Gedanken, der verschwindet und einem anderen, der entsteht, der gewöhnlich nicht wahrnehmbar ist. Bewegung dagegen ist das unaufhörliche Entstehen von Gedanken. Für den Zustand ohne Gedanken wird das Beispiel eines ruhigen Sees verwendet und für das Auftauchen der Gedanken jenes der Bewegung der Fische. Diese beiden Aspekte sind allen Wesen gemein. Der Zustand des Gegenwärtigseins[6] dagegen ist etwas, das in uns dahindämmert und durch den Meister mittels Übertragung wiedererweckt wird. Gegenwärtigsein ist das reine urteilsfreie Erkennen beider Zustände, der Ruhe wie der Bewegung. Dies sind die "drei Körper des Weges".

Als Frucht oder Verwirklichung manifestieren sie sich als Dharmakaya, Sambhogakaya und Nirmanakaya, den drei "gereinigten" Dimensionen. Dharmakaya entspricht der Essenz, der Leere der Existenz, dabei ist jedoch der Zustand des Gegenwärtigseins vollständig erweckt. Die Beschaffenheit des Dharmakaya ist jenseits von Form und Farbe, wie der grenzenlose Raum. Sambhogakaya ist die in sich selbst vollkommene Dimension der Manifestation der Energie. Sie entspricht der natürlichen Klarheit der Grundlage und ist mit dem Gegenwärtigsein verbunden. Nirmanakaya ist die Dimension der reinen wie auch der unreinen Manifestation, die vom Individuum als Objekt wahrgenommen wird, auch wenn es keinerlei dualistische Betrachtungsweise mehr gibt[7]. Das Gegenwärtigsein ist dabei vollkommen in die äußere Dimension integriert.

Aber wieviel wir auch analysieren mögen, wir dürfen darüber nicht vergessen, daß es um unseren Zustand, die eigenen Aspekte von Körper, Stimme und Geist geht. Wenn wir mit dieser Haltung eine Lehre zu verstehen versuchen, kann jede Erklärung Bedeutung haben und muß nicht mehr abstrakt bleiben. Ich erinnere mich, daß ich als Junge in Tibet einen Kommentar des Prajnaparamita-Sutra, Abhisamayalankara[8] genannt, gründlich studiert hatte und große Fertigkeit erlangte, seinen Inhalt wiederzugeben. Und doch gelang es mir nicht, seinen wahren Sinn zu erfassen, weil mir alle darin enthaltenen Beschreibungen der verschiedenen Ebenen von Buddhas und Bodhisattvas vollkommen fremd gegenüber meiner eigenen Situation erschienen. Der Meister des Kollegs merkte das vermutlich und sagte eines Tages zu mir: "Wenn du diese Beschreibungen der Buddhas liest, denke daran, daß es Beschreibungen deines eigenen Zustandes sind." Ich versuchte, diesen Rat zu befolgen, fand es aber sehr schwer. Erst nach einigen Jahren, als ich in die Erkenntnis von Dzog-chen eintrat, verstand ich, was die Worte jenes Meisters bedeutet hatten. Als ich den Text nun wieder las, war es, als würde ich ihn zum erstenmal "lesen", denn er hatte eine neue Bedeutung für mich.

Im Dzog-chen beruht die Praxis auf den beiden Grundaspekten der Natur des Individuums, dem Zustand der Ruhe und dem der Bewegung, über welche die Integration mit dem Zustand des Gegenwärtigsein gefunden werden soll. In einigen buddhistischen Traditionen wird der "shine" (zhi.gnas) Meditation des Zustands der Ruhe, große Bedeutung beigemessen. Ihr Ziel ist es, den Geist in einem Zustand der Entspannung zu belassen, frei von Gedanken oder ungestört von ihren Bewegungen. Manchmal jedoch besteht die Gefahr, in solchem Zustand "einzuschlafen" und so die Weiterentwicklung der Praxis zu hemmen. Im Dzog-chen wird es deshalb für wichtig gehalten, mit der Energie der Bewegung, einem natürlichen Aspekt des Individuums, "arbeiten" zu können.

Auch im Tantra beruht die Praxis auf der Bewegung, aber einer "imaginären Bewegung", die mental hervorgerufen wird. Das Ziel ist jedoch nicht, einen friedlichen Zustand, frei von Gedanken, zu finden. Durch unsere Vorstellungskraft erschaffen wir die reine Dimension des Mandala, wobei wir von den Elementen Luft, Wasser, Feuer, usw. ausgehen. Das ist Bewegung. Solange wir aber noch nicht den Zustand von Mahamudra erreicht haben, ist es schwierig, die eigene Energie mit den normalen Aktivitäten unserer körperlichen Existenz zu verbinden.

Auch im Dzog-chen wenden wir verschiedene Methoden an, die mit der Energie arbeiten, aber sie beruhen nicht auf Aktivitäten des Geistes. Ihr Prinzip ist die direkte Integration der Manifestationen der Energie in den Zustand des Gegenwärtigseins. Ob im Geiste die reine Vision eines Mandala oder vor unseren Augen die karmische Vision eines Zimmers erscheint, macht keinerlei Unterschied, denn beide sind Teil unserer Klarheit. Ob wir uns im Zustand der Ruhe oder einer reinen Manifestation der "Bewegung" befinden, in beiden Fällen handelt es sich um Erfahrung und nicht um den Zustand der Kontemplation selbst. Im Zustand des Gegenwärtigseins, der in Tausenden von Erfahrungen ein und derselbe ist, befreit sich alles, was aufkommt, von selbst: Das ist die Bedeutung der "Selbstbefreiung".

Hinsichtlich des Verhaltens im täglichen Leben ist es genau diese "Selbstbefreiung", die bei allen Aktivitäten angewandt wird. Am Beispiel des Zorns sind bereits die verschiedenen Reaktionsmöglichkeiten eines Praktizierenden des Weges der Entsagung bzw. des Weges der Transformation beschrieben worden. Wir haben auch erwähnt, daß die Transformation der Leidenschaften in Weisheit nach der tantrischen Methode eine höhere Fähigkeit erfordert, die das Ergebnis jahrelanger Übung ist. Das Konzept der Transformation beruht jedoch immer noch auf einer dualistischen Sichtweise: Auf der einen Seite die Leidenschaft, auf der anderen ihre Transformation in Weisheit. Ein Dzog-chen Praktizierender wird, wenn Zorn in ihm aufsteigt, nicht versuchen ihn zu unterdrücken oder umzuwandeln, sondern wird beobachten, ohne zu urteilen. Auf diese Weise wird sich der Zorn - in seinem natürlichen Zustand belassen - von selbst auflösen und sich so befreien können.

Wenn ein Gedanke oder eine Leidenschaft entsteht, können im allgemeinen zwei Phasen deutlich unterschieden werden. In der ersten entsteht die "Bewegung" als solche, z.B. die des Zorns, in der zweiten lassen wir uns zur geistigen Beurteilung hinreißen und beginnen zu handeln. Um die Methode der Selbstbefreiung anzuwenden, ist es wichtig, den Moment bevor die geistige Beurteilung einsetzt,zu beachten. Wenn der Zustand des Gegenwärtigseins aufrechterhalten wird, kann jeder Gedanke und jede Bewegung mit einer Wolke in der Größe eines Eies verglichen werden, die sich allmählich bis zur Größe eines Berges ausdehnt, und sich dann wieder verkleinert, bis sie sich völlig auflöst.

Das Erkennen des Zustandes der Selbstbefreiung ist Grundlage für das Praktizieren des Dzog-chen. Es heißt: "Der Dzog-chen Praktizierende meditiert ohne zu meditieren." Das scheint ein Wortspiel zu sein, ist aber die Wahrheit. Das Wichtigste ist, sich nicht ablenken zu lassen, d.h. jeden Moment gegenwärtig zu sein. Es gibt die Erzählung von einem sehr gelehrten Mönch, der Yunton (g.Yung.ston)[9] einmal besuchte, einen Dzog-chen Meister, der sehr einfach, umgeben von seinen Schülern, lebte. Dieser Mönch, der jahrelang die buddhistische Lehre studiert hatte und sich als "Wissender" fühlte, dachte voll Eifersucht: "Was erlaubt er sich, als gewöhnlicher Mensch die Lehre zu verbreiten. Wie kommt er dazu, zu behaupten, daß er ein Meister sei, wenn er nicht einmal Mönchskleidung trägt? Ich werde hingehen und mein Wissen mit dem seinigen messen, um ihn vor seinen Schülern zu demütigen. So werden sie endlich mir folgen." Voller Stolz und Arroganz ging der Mönch zu Yunton und fragte: "Ihr Praktizierenden des Dzog-chen, meditiert ihr immer?" Yunton fragte zurück: "Was gibt es zu meditieren?"

"Also," setzte der Mönch wieder an, "meditiert ihr nicht?" Yunton antwortete: "Wann bin ich jemals zerstreut?"

ANMERKUNGEN

1 Samanthabadra (Kun.tu bzang.po),der ursprüngliche Buddha, steht für Dharmakaya. Er wird nackt, ohne Ornamente und in blauer Farbe dargestellt, als Symbol der Reinheit der Essenz und der Tiefe der Leere.

2 Prajnaparamita, ein Zyklus der Sutren, ist Höhepunkt der Mahayana-Lehre und wird als Offenbarung Nagarjunas, des berühmten indischen Meisters und Begründers des philosophischen Systems des "Mittleren Weges" oder Madyamika, angesehen.

3 Damit man den Begriff der Leere richtig versteht, werden in den Sutren die Beispiele der Hörner des Hasen und der Hörner des Stieres genannt. Da es die Hörner des Hasen nie gegeben hat, wäre es unnötig, ihre Existenz abzustreiten. Wenn wir hingegen behaupten, daß die Hörner des Stieres nicht existieren, verleugnen wir direkt die Existenz von etwas, das wir für real, materiell halten. So ist auch die "Leere" kein Attribut einer "abstrakten Existenz" der Dinge, sondern die Natur ihrer Materialität selbst.

4 Thugs.rje ma.'gags.pa. In vielen westlichen Übersetzungen wird der Begriff thugs.rje in Zusammenhang mit Dzog-chen als "Mitgefühl" übersetzt. Nach Namkhai Norbus Erklärungen ist dies eine ungenaue und unvollständige Interpretation. Thugs bedeutet "Zustand des Geistes" und rje "Herr". Das bezieht sich auf die Energie als ursprüngliche Manifestation des Zustandes des Geistes. Im Sutra wird Mitgefühl als die Energie der Leere angesehen, deshalb wird es auch Thugs.rje genannt. Aber im Dzog-chen ist das Mitgefühl nur einer der Aspekte der Energie.

5 Siehe Namkhai Norbu (Hrsg.): Il libro tibetano dei morti, Newton Compton, Rom 1979 und G. Orofino (Hrsg): Insegnamenti tibetani su morte e liberazione, Edizioni Mediterranee, Rom 1985.

6 Rig.pa ist einer der Schlüsselbegriffe in der Dzog-chen Lehre. Wörtlich bedeutet es "Erkenntnis", aber seine Bedeutung im Dzog-chen drückt viel mehr aus als dieses Wort. Es ist das direkte und intuitive Wissen um den ursprünglichen Zustand, lebendig und stets gegenwärtig. Im Text wird rig.pa meist mit "Gegenwärtigsein" und manchmal einfach mit "Präsenz" übersetzt, auch wenn der letztere Begriff manchmal für dran.pa verwendet wird, das sich speziell auf die geistige Präsenz bezieht.

7 Unter Nirmanakaya (sprul.ku) versteht man im allgemeinen auch die Manifestation eines Erleuchteten, der, um die Lehre zu übertragen, die Gestalt eines Menschen oder anderer Wesen annimmt. Als Nirmanakaya werden Buddha Sakyamuni, Padmasambhava, Garab Dorje und andere Meister angesehen.

8 Abhisamayalankara ist ein Werk von Asanga, eines bedeutenden indischen Philosophen des Mahayana.

9 gYung.ston rdo.rje dpal (1284-1365).

4. Die Bedeutung der Übertragung

Die Dzog-chen Lehre ist mit einer Übertragung verbunden, die im Meister lebendig ist und von grundlegender Bedeutung für die Entwicklung der Erkenntnis und die Verwirklichung seiner Schüler ist. Im Sutra wird davon ausgegangen, daß Erleuchtung nur nach vielen Leben, die der Praxis gewidmet sind, zu erlangen sei. Im Tantra hingegen geht man davon aus, sie in einem einzigen Leben zu realisieren, da die angewandten Methoden weitaus wirksamer sind. Im Dzog-chen ist es nicht nur möglich, sich im Laufe eines Lebens zu verwirklichen, es wird auch vom "großen Transfer in den Lichtkörper" gesprochen, d.h. der materielle Körper geht, ohne zu sterben, in die leuchtende Substanz der Elemente über, bzw. wird von ihr wieder absorbiert und verschwindet für das Auge eines gewöhnlichen Menschen. Diese Verwirklichung wurde von Meistern wie Padmasambhava und Vimalamitra und in der Bön-Tradition von Tapihritsa[1] erreicht. Gelingt es jedoch nicht im Laufe des Lebens, den Lichtkörper zu erlangen, so kann er nach dem Tod verwirklicht werden. Vielen Dzog-chen Praktizierenden in Tibet ist dies bis in die jüngste Vergangenheit hinein gelungen. Diese Verwirklichung hängt nicht nur mit den besonderen Methoden des Dzog-chen[2] zusammen, sondern in erster Linie mit der Wirkung der Übertragung durch den Meister.

Wenn ein Dzog-chen Meister lehrt, überträgt er die Erkenntnis durch mündliche, symbolische und direkte Übertragung. Im Dzog-chen ist eine rituelle Einweihung wie im Tantra nicht unbedingt notwendig, denn Sinn der Einweihung ist die Übertragung der Erkenntnis und diese kann auch durch eine einfache Erklärung erfolgen. Alles hängt von der Verständnisfähigkeit des Schülers ab.

Einige Meister der Nyingmapa-Tradition haben erklärt, daß die drei Arten der Übertragung sich auf den Ursprung der Dzog-chen Lehre beziehen. Es wird gesagt, daß Dzog-chen anfänglich von dem Dharmakaya Samantabhadra direkt an den Sambhogakaya Vajrasattva[3], von diesem aus durch symbolische Übertragung an Nirmanakaya Garab Dorje und von ihm mündlich an die Menschen übertragen worden sei. So, als hätte es drei Lehrer gegeben, durch die drei Arten von Belehrungen

Garab Dorje, der erste menschliche Dzog-chen Meister

entstanden sind. In Wirklichkeit aber sind die drei Arten der Übertragung untrennbar vom Meister, sie sind der "Weg".

Wenn die direkte Übertragung aus der Dimension des Dharmakaya in die des Sambhogakaya erfolgt ist, kann sie nicht "Weg" gewesen sein, denn der Sambhogakaya braucht einen Weg. Da das Individuum gleichzeitig aus Körper, Stimme und Geist besteht, werden alle drei Arten der Übertragung genutzt, um Wissen zu vermitteln.

Die mündliche Übertragung umfaßt sowohl die Erklärungen des Meisters, die die Beschaffenheit des ursprünglichen Zustandes verständlich machen, als auch die Methoden der Praxis, um zu dieser Erkenntnis zu gelangen.

Die symbolische Übertragung erfolgt sowohl durch Symbole, die gezeigt werden, um die Erkenntnis des ursprünglichen Zustandes zu vermitteln - etwa ein Spiegel oder ein Kristall - als auch durch Erzählungen, Parabeln und Rätsel[4].

Die direkte Übertragung geschieht durch die Vereinigung des Zustandes des Meisters mit dem des Schülers und erfordert eine bestimmte Vorbereitung von Seiten des Schülers. Ein Beispiel direkter Übertragung findet sich in der Geschichte der Erweckung Naropas, einem berühmten indischen Mahasiddha und Schüler Tilopas[5]. Naropa war ein berühmter Pandit, ein großer Gelehrter und Abt der buddhistischen Universität von Nalanda, einem der wichtigsten Zentren buddhistischer Kultur im mittelalterlichen Indien. Sein Wissen war jedoch intellektuell und doktrinär geblieben und nicht in der Erfahrung gelebt worden. Nachdem er einige Jahre in Nalanda gelebt hatte, verzichtete er nach visionären Hinweisen und Zeichen auf sein Amt als Abt und machte sich auf die Suche nach Tilopa, der seinen Visionen zufolge jener Guru war, der ihn erwecken würde. Nach langer mühseliger Suche, auf der er Tilopa in unterschiedlichen Gestalten begegnete, ohne ihn zu erkennen, traf er schließlich auf einen Fischer, der sich Tilopa nannte. Dieser briet in einer Pfanne Fische, erweckte sie mit einem Fingerschnippen wieder zum Leben und warf sie ins Wasser zurück. Naropa ist durch diese Begegnung erschüttert, doch er hat Vertrauen in seinen Meister und folgt ihm viele Jahre als ständiger Diener. Während all dieser Zeit erhält er nicht eine einzige Belehrung, statt dessen stellt ihn Tilopa durch mehrere Akte der Selbstverleugnung auf die Probe. Eines Tages, als Meister und Schüler in einer Höhle auf einem Berg sind, bittet Tilopa Naropa, ins Tal hinunterzusteigen, um Trinkwasser zu holen. In drückender Hitze kehrt Naropa unter großer Anstrengung nach kurzer Zeit mit dem Wasser zurück. Sobald Tilopa ihn sieht, zieht er einen seiner Holzschuhe aus und schleudert ihn Naropa an die Stirn, der wie tot umfällt. Als Naropa wieder zu sich kommt, ist er verändert. Sein Wissen ist wiedererweckt worden. Es handelt sich aber nicht um eine Wundertat Tilopas. Viele Jahre lang hatte Naropa Entbehrungen auf sich genommen und sich so auf die Aufnahme der Übertragung vorbereitet.

Die Bedeutung der Übertragung liegt nicht nur darin, in den Zustand des Wissens einzuführen, sondern auch darin, diesen bis zur Verwirklichung reifen zu lassen. Deshalb ist die Beziehung zwischen dem Schüler und dem Meister sehr eng. Der Meister ist im Dzog-chen nicht nur wie ein Freund, der hilft und unterstützt, sondern er ist der Weg selbst, denn die Kontemplationspraxis entwickelt sich durch die Vereinigung des Zustandes des Schülers mit dem des Meisters. Auch im Sutra und Tantra ist der Meister wichtig, im ersteren als Träger der Lehre Buddhas im zweiten als Quelle aller Transformationserscheinungen.

Es ist überliefert, daß Padmasambhava, als er seinen tibetischen Schülern die Einweihung des Vajrakilaya[6] übertrug, das Mandala dieser Gottheit auf wundersame Weise vor ihnen habe erscheinen lassen und sie aufforderte, ihre Verehrung zu bezeugen. Alle Schüler standen auf und warfen sich vor dem Mandala nieder, nur Yeshe Tsogyel[7] brachte ihre Verehrung Padmasambhava dar, da sie erkannt hatte, daß der Meister der Ursprung aller Manifestationen ist.

Der Meister ist das Tor zur Erkenntnis und seine Übertragung ist im Leben eines Praktizierenden immer gegenwärtig. Man kann von verschiedenen Meistern Unterweisungen erhalten, es gibt keine Beschränkungen. Aber im allgemeinen ist es ein ganz bestimmter Meister, der die Erkenntnis wiedererweckt. Er wird als "Wurzellama" (rtsa.ba'i bla.ma) bezeichnet. Als ich in Tibet war, bin ich selbst zahlreichen Meistern begegnet, die mir Belehrungen und Einweihungen gegeben haben, aber es war vor allem ein Meister, Changchub Dorje (Byang.chub rdo.rje), der mir das Tor zur Erkenntnis geöffnet hat.

Zwei Jahre, bevor ich ihm begegnete, hatte ich einen Traum. Ich war in einem mir unbekannten Dorf mit lauter weißen aus Zement gebauten Häusern, was in Tibet, wo die Häuser gewöhnlich farbig und aus Stein sind, selten vorkommt. Sie glichen jenen Häusern aus Zement, welche die Chinesen seit einigen Jahren in Osttibet zu bauen begonnen hatten. Ich näherte mich einem dieser Häuser und bemerkte über der Tür in goldener Schrift auf blauem Grund das Mantra Padmasambhavas. Ich trat ein und sah einen alten Mann, der wie ein typischer tibetischer Bauer aussah. Während ich mich fragte, ob er vielleicht ein Meister sei, hörte ich ihn das Mantra Padmasambhavas rezitieren. Dann sagte er zu mir: "Auf der anderen Seite dieses Berges ist in der Mitte eines Felsens eine Höhle, welche die acht natürlichen Mandala enthält. Geh sofort und schau sie dir an!" Verwundert begann ich sogleich, den Berg hinaufzusteigen. Hinter mir kam auch mein Vater. Als wir die Höhle betraten, begann mein Vater mit lauter Stimme das Prajnaparamitasutra zu rezitieren, und ich stimmte mit ein. Wir gingen an den Wänden entlang, aber ich konnte nur einige Ornamente der acht Mandalas erkennen. In diesem Moment wachte ich auf und rezitierte immer noch das Sutra.

Im Jahre 1956 wurde in meinem Dorf die Tochter eines Adligen sehr krank und trotz aller Behandlungen verschiedener Ärzte besserte sich ihr Befinden nicht. Ihre Eltern hatten von einem Arzt und Meister gehört, der schon schwierige Fälle geheilt hatte und sie beschlossen, Diener zu ihm zu schicken und ihn um Hilfe zu bitten. Nach zwei Tagesreisen zu Pferde kamen die Diener bei dem Meister an, der sie aufnahm und erst einmal ausruhen ließ. Am Tag darauf sagte er ihnen aber, daß Medikamente jetzt sinnlos wären, da das Mädchen drei Stunden nach ihrem Aufbruch gestorben sei. Als die Diener nach Hause kamen, berichteten sie davon und erfuhren, daß das Mädchen wirklich kurz nach ihrer Abreise gestorben war.

Eines Tages kam der Vater dieses Mädchens, ein Freund unserer Familie, meinen Vater besuchen und erzählte ihm von diesem Arzt und Meister, den er als einen alten Bauern beschrieb, der in einem Dorf mit weißen Häusern aus Zement wohnte. Ich hörte auch zu und erinnerte mich sofort wieder an den Traum. Noch am gleichen Abend bat ich meinen Vater, zu jenem Meister gehen zu dürfen. Nach zwei Tagen Vorbereitung brach ich zusammen mit meinem Vater auf. Als wir in dem besagten Dorf ankamen, stellte ich fest, daß der Ort genauso aussah wie jener, von dem ich geträumt hatte. Der dort lebende Meister nahm uns auf, als ob er uns schon kennen würde. Er war ein sehr einfacher Mensch, lebte als Dorfarzt und hatte eine kleine Gemeinschaft von

Schülern, die in Harmonie miteinander praktizierten und arbeiteten. Die Leute im Dorf erzählten, daß der Meister, als er zum erstenmal hierher gekommen sei, gesagt hätte, er sei siebzig Jahre alt, und seitdem immer dasselbe Alter angegeben hätte. Aufgrund der Jahre, die inzwischen vergangen waren, konnte man annehmen, daß er zu jenem Zeitpunkt hundertdreißig Jahre alt war.

Ich blieb bei dem Meister mehrere Monate. Während der ersten Tage hatte ich jedoch Schwierigkeiten, da ich angesehene Meister gewohnt war, die Unterweisungen und Einweihungen auf traditionelle Art gaben. Es schien mir, als lehrte Changchub Dorje gar nichts, tatsächlich aber lehrte er mich, den Käfig, den ich mir geschaffen hatte, zu zerbrechen. Damals wurde mir klar, daß ich nach so vielen Jahren des Studiums den wahren Sinn der Lehre immer noch nicht erfaßt hatte. Aber ich war dennoch unzufrieden, da er mir keine Einweihung gegeben hatte. Als ich ihn bat, mir eine Einweihung zu geben, antwortete er: "Du brauchst keine rituelle Einweihung zu empfangen. Außerdem hast du schon so viele von verschiedenen Meistern erhalten." Ich erwiderte, daß ich eine von ihm erhalten wollte, und schließlich gab er meinem Drängen nach. Er beschloß, mir die Einweihung der hundert friedvollen und zornvollen Gottheiten zu geben. Da er nicht viel Erfahrung in der Durchführung von Ritualen hatte, ließ er sich von einem sehr tüchtigen Schüler helfen. Jene Einweihung, die normalerweise wenig Zeit erfordert, dauerte einen ganzen Tag. Changchub Dorje wußte wirklich nicht, wie die verschiedenen Phasen des Rituals auszuführen waren, er konnte nicht einmal fließend lesen. Für gewöhnlich gibt es bei den Einweihungen einen Abschnitt, in dem zur Übertragung der Ermächtigung durch die Mantras die Glocke geläutet und gleichzeitig das Damaru[8] geschlagen wird. Aber der Meister läutete zuerst die Glocke, dann schlug er das Damaru und zum Schluß rezitierte er das Mantra. Ich war sehr erstaunt, da ich selbst genau wußte, wie die Phasen des Einweihungsrituals ausgeführt werden. Abends, gegen Ende der Einweihung, sprach Changchub Dorje mit mir und machte mir die wirkliche Bedeutung der Einweihung klar. Gewöhnlich zeigt der Meister am Ende einer Einweihung das Buch, in denen sie enthalten ist und erklärt die jeweilige Übertragungslinie der Meister. Doch Changchub Dorje zeigte mir nicht das Buch, sondern erklärte mir über drei oder vier Stunden hinweg den wahren Sinn der

Changchub Dorje, der Meister, der Namkhai Norbu das Tor zur Erkenntnis öffnete

Dzog-chen Lehre. Einmal schien mir, als rezitiere er ein Tantra des Dzog-chen[9], so vollkommen und tiefgründig war seine Rede. Zum Schluß sagte er: "Dies ist die vollständige Übertragung des Dzog-chen, der Serie der Natur des Geistes, des uranfänglichen Raumes und der Geheimen Unterweisungen." Dies bedeutete eine völlige Umkehrung meiner Ansichten; alle Begrenzungen meines intellektuellen Wissens stürzten ein. Changchub Dorje hatte mir eine Tür geöffnet; er hatte mir klar gemacht, daß Dzog-chen im Menschen selbst lebt.

Er hatte nie eine scholastische Ausbildung erhalten und nie studiert. Sein Wissen war Ergebnis eines inneren Erwachens, das sein Leben verändert hatte. Er war auch ein "Tertön" (gter.ston) oder Terma-Entdecker und ich hatte Gelegenheit, einige Termas nach seinem Diktat aufzuschreiben. Meistens saß der Meister vor dem Fenster seines Hauses und empfing seine Patienten. Ich saß im Haus hinter dem Fenster und schrieb das, was er mir diktierte, zwischen den einzelnen Besuchen auf. Kamen Patienten, so unterbrach er seine Rede, aber wenn er sie wieder aufnahm, setzte er, ohne auch nur zu fragen, den Satz genau an der Stelle, an der wir stehengeblieben waren, fort[10].

Einer der wichtigsten Meister Changchub Dorjes war Pema Dundul (Pad.ma bdud.'dul)[11]. Auch er war ein sehr schlichter Meister, der dadurch berühmt geworden war, daß er nach seinem Tod den Lichtkörper verwirklicht hatte. Wenn ein Praktizierender beschließt zu sterben, bittet er für gewöhnlich darum, sieben Tage in einem Zelt oder in einem Raum alleingelassen zu werden. Am achten Tag findet man dann nur noch seine Haare und Nägel, die als unreiner Teil des Körpers angesehen werden.

Es wird berichtet, daß Pema Dundul zwanzig Tage vor seinem Tod seine engsten Schüler um sich versammelte, um ihnen sämtliche Unterweisungen und Einweihungen, die er bis dahin noch nicht übertragen hatte, zu geben. Unter diesen Schülern war auch mein Meister, Changchub Dorje. Viele Tage praktizierten sie zusammen Ganapuja[12] bis Pema Dundul schließlich am zehnten Tag des Mondkalenders, der als Tag Padmasambhavas gilt, darum bat, auf den Berg, den er sich zum Sterben ausgesucht hatte, begleitet zu werden. Als sie angekommen waren, und sein kleines Zelt aufgestellt hatten, bat sie der Meister, die Öffnung zuzunähen und nach einer Woche zurückzukommen. Es heißt, es habe während jener Tage stark geregnet und es seien viele Regenbogen erschienen. Am achten Tag, als sie das Zelt öffneten, fanden sie nur noch seine Kleider. Sie waren noch in derselben Position, in der sich der Meister hingesetzt hatte, als er das Zelt betreten hatte. Der Stoffgürtel, der das traditionelle tibetische Gewand in Taillenhöhe zusammenhält, war so zugebunden, als ob noch eine Person darin sei. Pema Dundul war ein sehr einfacher Praktizierender gewesen, ohne einen festen Wohnsitz, der sein ganzes Leben lang herumgezogen war und oft das Chöd (gcod)[13] praktiziert hatte. Er war auch Meister von Ayu Khandro (A.yu mkha'.'gro)[14], einer Meisterin von mir, die mehr als fünfzig Jahre zurückgezogen in der Dunkelheit gelebt hat.

Eine andere Geschichte berichtet von der Verwirklichung des Lichtkörpers im Jahre 1949. Ein Mönch eines Sakyapa-Klosters, in dem sehr strenge Regeln herrschten, hatte eine Beziehung zu einer Frau begonnen. Als dies entdeckt wurde, ließen ihn die Würdenträger des Klosters auspeitschen und jagten ihn fort. Traurig und heimatlos zog der Mönch in das nördliche Osttibet. Dort hatte er das Glück, Tsangpa Drubchen (gTsang.pa grub.chen)[15] zu treffen, einen Dzog-chen Meister, der zwölf Kinder hatte, die alle Praktizierende waren. Sie lebten als Nomaden und Viehzüchter. Der Mönch blieb fast zwei Jahre dort, arbeitete mit ihnen und erhielt zahlreiche Unterweisungen. Dann beschloß er, in seinen Heimatort zurückzukehren. Doch es wurde ihm nicht erlaubt, in seinem früheren Haus, das innerhalb des Klosterkomplexes lag, zu wohnen. Daher baute er sich eine kleine Hütte an einer Stelle, von der er das Klosterleben zumindest sehen konnte. Die Frau, mit der er früher eine Beziehung gehabt hatte, zog zu ihm, half ihm, während er sich zurückzog,um zu praktizieren und kümmerte sich um das Vieh. So lebten sie einige Jahre zusammen, bis er eines Tages ankündigte, er werde innerhalb einer Woche sterben. Er ging zu den Verwaltern des Klosters und kam mit ihnen überein, wenigstens die Hälfte seines Besitzes seiner Gefährtin hinterlassen zu können. Starb ein Mönch, war es in Tibet so, daß alle seine Besitztümer rechtmäßig an das Kloster übergingen. Nachdem er nun diese Angelegenheit geregelt hatte, bat er darum, eine Woche lang in seinem Raum nicht gestört zu werden. Im Morgengrauen des achten Tages gingen zahlreiche Mönche und Würdenträger zur Hütte des Mönchs, um diesem Ereignis beizuwohnen, obgleich sie ihn immer kritisiert und schlecht behandelt hatten. Als sie sein Zimmer öffneten, fanden sie nur noch Nägel und Haare. Daraufhin errichteten sie eine goldene Grabstätte, um diese aufzubewahren.

Vor nicht allzu langer Zeit, im Jahre 1952, war mein Onkel[16] selbst Zeuge einer dieser Begebenheiten. In der Nähe unseres Dorfes lebte ein alter Mann, der seinen Lebensunterhalt damit verdiente, Mantras in Stein zu meißeln. In seiner Jugend war er zunächst Schneider gewesen, danach Stallbursche von Dodrub chen (rDo.grub chen)[17], einem berühmten Meister, bei dem er vermutlich Belehrungen gehört hatte. Vor seinem Tod schenkte er seine gesamte Habe dem Kloster, in dem sein Sohn als Mönch lebte und kündigte an, daß er innerhalb einer Woche sterben werde. Alle wunderten sich, weil ihn niemand für einen Praktizierenden hielt. Aber als er Anweisung gab, sieben Tage lang in einem Zelt eingeschlossen zu werden, verstanden sie, daß er den Lichtkörper verwirklichen würde. Am achten Tag kamen viele Menschen, um dem Ereignis beizuwohnen, darunter auch einige chinesische Funktionäre, die überzeugt waren, ein für allemal den Aberglauben der Tibeter beweisen zu können. Aber auch dieses Mal fanden sie nur Haare und Nägel. Ich erinnere mich, daß mein Onkel, der bei der Öffnung des Zeltes anwesend war, in Tränen zurückkam und sagte: "Seit Jahren habe ich ihn gekannt, aber wer hätte gedacht, daß er ein so großartiger Praktizierender war!" So sind viele Praktizierende des Dzog-chen einfache Menschen, die, auch wenn wir es ihnen äußerlich nicht ansehen, wirklich im Besitz von Erkenntnis sind. Der Lichtkörper ist im Dzog-chen die höchste Form der Verwirklichung. Seine Funktion unterscheidet sich von einer Sambhogakaya-Manifestation dadurch, daß ein Lichtkörper kommunizieren und den Lebewesen aktiv helfen kann. Es ist, als ob der physische Körper, dessen materielle Substanz wieder in die leuchtende Essenz absorbiert ist, als feinstoffliche Elementenverbindung weiterleben würde. Die Sambhogakaya-Manifestation hingegen ist passiv, da es von den Lebewesen selbst abhängt, ob sie sich die Vision zunutze machen können.

Verwirklichung läßt sich nicht erzeugen, sie hängt nicht von Handlungen und Bemühungen ab. Im Grunde genommen bedeutet "sich verwirklichen" nur, die zeitweiligen Hindernisse zu überwinden, und zu diesem Zweck ist die Übertragung des Meisters eine große Hilfe. Im Dzog-chen kann die Überwindung der Hindernisse äußerst schnell gehen, da sich der Zustand der Kontemplation durch die Übertragung leicht entwickeln läßt. Aus unserer begrenzten Sicht könnten wir leicht den Mut verlieren, wenn wir glauben, daß zur Läuterung unseres Karmas viele Leben nötig seien. Wenn wir die Anhäufung unseres Karmas materiell sehen könnten, hätte positives Karma die Größe eines Steins und negatives die eines Berges. Wieviel Zeit wäre wohl vonnöten, um es zu reinigen? Wahrscheinlich würden Hunderte von Reinigungspraktiken den Berg nur um eine Fingerbreite abtragen können.

Karma aber ist keine materielle Anhäufung. Es sind keine äußeren Umstände, sondern nur Hindernisse, die der Erkenntnis im Wege stehen. Wir können unser gesamtes Karma und unsere Unwissenheit mit einem dunklen Zimmer vergleichen und die Erkenntnis des ursprünglichen Zustandes mit einer Lampe. Wird die Lampe angezündet, so weicht die Dunkelheit augenblicklich und alles ist hell. Gleichfalls kann man in der Erkenntnis des ursprünglichen Zustandes in einem einzigen Augenblick alle Hindernisse überwinden.

Ein Praktizierender, der im Durcheinander der Gedanken den Zustand des Gegenwärtigseins zu finden sucht, ist anfangs wie ein Blinder, der einen Faden durch ein Nadelöhr ziehen will. Der Meister hingegen kann sehen und hilft ihm, die beiden Hände einander anzunähern. Gelingt es dem Blinden, den Faden durch das Nadelöhr zu ziehen, so ist es, als ob er sein Augenlicht zurückgewönne, ähnlich dem Moment, in dem er durch die Übertragung den ursprünglichen Zustand erkennt.

Um die Bedingungen des Individuums zu erklären, werden auch die Beispiele von Himmel, Sonne und Wolken verwendet. Der Himmel ist kein definierbarer Ort: er besitzt weder Form noch Farbe, weder kann man festlegen, wo er anfängt, noch wo er aufhört. Er ist eine universelle Gegebenheit wie die Leere, die ursprüngliche Grundlage aller Wesen. Die Grundlage eines Individuums ist vergleichbar mit dem Raum, den eine Tonvase einschließt. Wenn er auch vorübergehend durch die Form der Vase abgegrenzt ist, so ist er doch nicht verschieden von dem Raum, der sie umgibt. Diese Bedingung der Leere ist wie der Raum, die Essenz und jenseits aller Vorstellungen. In ihr aber gibt es eine ständige Klarheit, die sich als Gedanken und als verschiedene Aspekte der Energie manifestiert, als Zustand des Gegenwärtigseins, wie die Sonne, die am Himmel aufgeht.

Das Licht der Sonne ist Manifestation der Klarheit des Himmels und der Himmel ist ihre Grundbedingung. Am Himmel können zwei, drei, vier oder noch mehr Sonnen erscheinen, der Himmel aber bleibt immer unteilbar. So ist auch der Zustand des Gegenwärtigseins jedes Individuums einzigartig und unterschiedlich, seine Bedingung der Leere aber ist allen Wesen gemein, sie ist allumfassend.

Zum Schluß haben wir das Beispiel der Wolken, die für die vorübergehenden Hindernisse stehen, welche das Erscheinen unseres ursprünglichen Zustandes behindern. Wenn sich die Wolken verdichten, ist es, als existiere die Sonne nicht mehr, aber in Wirklichkeit hat sich ihr Standort nie verändert. Sowohl tagsüber als auch nachts ist sie immer da, doch nicht immer erleuchten ihre Strahlen die Erde. So existiert auch der ursprüngliche Zustand der Erkenntnis des Individuums von Anfang an in der Transmigration wie in der Erleuchtung. Der einzige Grund, weshalb er sich nicht manifestiert, ist die Unwissenheit. Erleuchtung oder Nirvana ist nichts anderes als der Zustand jenseits aller Hindernisse, als wären wir auf einem sehr hohen Berg, wo immer die Sonne scheint. Nirvana ist kein Paradies oder Ort der Glückseligkeit, sondern ein Zustand jenseits aller dualistischen Begriffe, einschließlich derer von Glück und Leid.

Wenn alle Hindernisse überwunden sind und wir uns im vollkommenen Zustand des Gegenwärtigseins befinden, erscheint die Weisheit der Erleuchtung von selbst - grenzenlos, wie die unendlichen Strahlen der Sonne. Die Wolken haben sich aufgelöst, die Sonne ist endlich frei und leuchtet wieder.

ANMERKUNGEN

1 Tapiḥritsa ist einer der wichtigsten Meister jener Linie der mündlichen Tradition des Dzog-chen von Shang-Shung (rdzogs.pa chen.po zhang.zhung snyan.brgyud), welche die ältesten Dzog-chen Lehren des Bön enthält, auch wenn sie erst im siebten Jahrhundert n.Chr. niedergeschrieben worden sind.

2 Die Methoden der Praxis, die zur Verwirklichung des Lichtkörpers führen, sind hauptsächlich Tögal (thod.rgal) und Yangtig (yang.tig), die in der Serie der Geheimen Anweisungen enthalten sind. Die Grundlage ihrer Praxis ist immer der Zustand der Kontemplation.

3 Vajrasattva, der lächelnd in weißer Farbe mit Seidenornamenten und Vajra und Glocke in den Händen dargestellt wird, steht für Sambhogakaya. Er ist eine Form der Gottheit, die für die Reinigung besonders wirksam ist.

4 Beispiele für Parabeln und Rätsel in den Texten des Dzog-chen finden sich in Namkhai Norbu, Drun, De'u, bon, Kap.I und II, Shang-Shung edizioni, Arcidosso, in Vorbereitung.

5 Tilopa (988-1069 n.Chr.) und Naropa (1016-1100 n.Chr.) sind die beiden ersten Meister einer Linie, deren direkte Nachfolger Marpa und Milarepa waren, die die Tradition der Kagyudpa gründeten.

6 Vajrakilaya ist einer der acht Zyklen tantrischer Gottheiten, die von Padmasambhava in Tibet eingeführt worden sind.

7 Yeshe Tsogyel (Ye.shes mtsho.rgyal) war die wichtigste Gefährtin und Schülerin Padmasambhavas. Ihre Biographie ist von Keith Dowman übersetzt worden. Siehe: Sky Dancer, Routledge & Kegan Paul, London 1984.

8 Das Damaru ist eine kleine zweiseitige Trommel, die bei tantrischen Riten benutzt wird und manchmal aus einem menschlichen Schädel hergestellt ist.

9 Auch wenn die Schriften des Dzog-chen keine Lehren des Weges der Transformation enthalten, werden sie trotzdem "Tantra" genannt, da sie die Natur des ursprünglichen Zustandes des Individuums, die "Kontinuität" (Tantra) der Manifestation der Energie, erklären.

10 Das bezieht sich in diesem Fall auf die Enthüllung der Texte, die "Schätze des Zustandes der Erkenntnis" genannt werden.

11 Nyag.bla Pad.ma bdud.'dul (1816-1872).

12 Ganapuja ist ein tantrischer Ritus, der aus mehreren Phasen besteht und dessen Zweck es ist, einerseits das "Versprechen" (Samaya) zwischen Schülern und Meister und andererseits zwischen den Schülern selbst zu erneuern. Außerdem entwickeln die Praktizierenden durch den Verzehr von Speisen und Getränken die Fähigkeit, die Kontemplation in den sinnlichen Genuß zu integrieren und einen Zustand jenseits der Dualität zu finden, was letztendlich die Bedeutung des Samaya ist.

13 Chöd (gcod) ist eine Praxis, die darauf beruht, durch Visualisation den eigenen Körper Geistern und Wesen, die Störungen und Hindernisse verursachen, als Opfer darzubringen, um sie zu befrieden und karmische Schuld abzutragen. Diese Praxis wird gesungen und von Damaru und Glocke begleitet. Sie beruht ursprünglich auf dem Prinzip der "Leere" der Prajnaparamita und wurde dann von der großen tibetischen Meisterin Machig Labdrön (Ma.gcig lab.sgron) (1055-1149) entwickelt und vervollkommnet.

14 Zur Biographie dieser außergewöhnlichen Praktizierenden, die als lebende Dakini angesehen wurde, siehe: T.Allione, "Tibets weise Frauen", Dianus-Trikont, München 1986.

15 gTsang.pa grub.chen war einer der wichtigsten Meister von mKhyen.brtse Chos.kyi dbang.phyug (1910-1973), einem Onkel Namkhai Norbus.

16 Es handelt sich um den Onkel rTogs.ldan O.rgyan bstan. 'dzin. Auch er hat nach jüngsten Informationen aus Tibet den Lichtkörper erlangt.

17 rDo.grub.chen 'Jigs.med bstan.paí nyi.ma (1865-1926), dritte Reinkarnation von rDo.grub.chen 'jigs.med. phrin.las 'O.zer (1745-1821), einem direkten Schüler des großen Meisters 'jigs.med gling.pa.

Teil 2

Der Kuckuck des gegenwärtigen Zustandes

Einführung

"Kuckuck des Rigpa" (Rig.pa 'ikhu.byug)[1] ist einer jener alten Dzog-chen Texte, die Vairocana nach Tibet gebracht hatte. Der Titel selbst wurde von Vairocana als Zusatz für die "Sechs Verse des Vajra" geprägt, die innerhalb der Dzog-chen Schriften zur Kategorie der "Lung" (lung) gehören. Lung bilden jenen Teil der Lehren, die ursprünglich von Garab Dorje übertragen worden sind und die wichtigsten Punkte eines oder mehrerer Tantras[2] beinhalten. Die "Sechs Verse des Vajra" werden so genannt, weil sie den ursprünglichen Zustand des Individuums beschreiben. Sie enthalten das Wesentliche der Grundlage, des Weges und der Frucht der Dzog-chen Lehre.

Vairocana, der erste tibetische Meister des Dzog-chen und ein bedeutender Übersetzer, war von König Trisong Detsen nach Oddiyana geschickt worden, um dort Dzog-chen Belehrungen, die bis dahin in Tibet noch unbekannt waren, zu erhalten. Padmasambhava hatte seinen tibetischen Schülern bereits Dzog-chen Lehren übertragen, aber es handelte sich dabei hauptsächlich um Lehren in Zusammenhang mit der Methode der Transformation, des Anu-Yoga[3].

In Oddiyana begegnete Vairocana dem Meister Sri Singha, der ihn tagsüber die Sutren, exoterische Lehren und - wegen der Verbote des Königs von Oddiyana - nachts Dzog-chen lehrte. Mit Hilfe von Sri Singha übersetzte Vairocana auch einige Texte, die er nach der Überlieferung mit Ziegenmilch auf weiße Baumwolle schrieb, um sie geheimzuhalten. Nachdem er in seine Heimat zurückgekehrt war, begann er dem König und wenigen Auserwählten, Dzog-chen Lehren zu übertragen. "Sechs Verse des Vajra" war der erste Text, den er in Tibet einführte und deshalb nannte er ihn "Kuckuck des Zustandes der Präsenz, Zeichen für Glück und Ruhm" (bkra.shis.pa'i dpal rig.pa'i khu.byug)[4].

Der Kuckuck ist in Tibet Symbol für Glück und Wohlstand, denn er kündigt den Frühling an. Hören die Tibeter seinen Ruf, dann wissen sie, daß sich der lange, kalte Winter seinem Ende zuneigt und die Natur von neuem zu atmen beginnt. Deshalb hat Vairocana das Erwachen des ursprünglichen Zustandes des Gegenwärtigseins (rig.pa) durch die Einführung der Dzog-chen Lehre in Tibet mit dem Ruf des Kuckucks verglichen.

Dzog-chen ist im Laufe der Jahrhunderte oft Zielscheibe von Kritik und Verleumdung seitens einiger tibetischer Gelehrter gewesen. Die Tatsache, daß in zahlreichen Titeln von Dzog-chen Tantras Fehler in der Sanskritgrammatik vorkommen, ist für manche ein Beweis, daß diese Dzog-chen Texte nicht echt sind. Dies zeigt jedoch, daß diejenigen, die Dzog-chen so verleumden, nichts von der Existenz der Sprache Oddiyanas wußten, aus der die Tantras von Vairocana und anderen Meistern ins Tibetische übersetzt worden sind. Dzog-chen Praktizierende waren allerdings nie daran interessiert, eine Sekte zu bilden, sich zu verteidigen oder zu polemisieren, denn Prinzip von Dzog-chen ist das Wissen. Heute kann historisch die Echtheit der Dzog-chen Texte bewiesen werden, da einige Texte unter den Manuskripten von Tun Huang entdeckt worden sind, die die Wissenschaftler für authentische Originaltexte halten[5]. Eines dieser Manuskripte, der "Kuckuck des Zustandes der Präsenz", wurde dort zusammen mit einem Kommentar gefunden, der wahrscheinlich von Vairocana selbst stammt. Diese Texte überliefern uns einige der ältesten Dzog-chen Lehren und spiegeln den Geist und die ursprüngliche Lehrmethode der mündlichen Tradition, insbesondere der Serie der Natur des Geistes, wider.

Die "Sechs Verse des Vajra" sind keine leeren Worte, sondern durch das Verständnis ihrer Botschaft hat seit Garab Dorje eine ununterbrochene Folge von Meistern die Erkenntnis des ursprünglichen Zustands verwirklicht. In seinen drei Vers-Paaren werden die Prinzipien der Grundlage, des Weges und der Frucht dargestellt und gleichzeitig die Art des Sehens, des Praktizierens und des Verhaltens gemäß der Dzog-chen Lehre.

Die "Grundlage" ist keine abstrakte Sache. Die Grundlage sind wir selbst, sobald wir unseren Zustand erkennen. Sie ist die wahre Art zu sehen, die ein Dzog-chen Praktizierender anwendet, eine Sehweise, die untrennbar von tatsächlichem Wissen ist. Der "Weg" ist Mittel, diese Erkenntnis der Grundlage durch die Methoden der Praxis zu entwickeln. Die "Frucht" ist ein Verhalten im Zustand der Präsenz, die vollständige

Integration von Kontemplation und täglichem Tun. Durch das Verständnis der "Sechs Verse" können wir also direkten Zugang zum Kern der Dzog-chen Lehre erhalten.

ANMERKUNGEN

1 Bei der Übersetzung des Titels haben wir uns im Gegensatz zum italienischen Original enger an den ursprünglichen tibetischen Begriff gehalten. Im Italienischen wird Rigpa mit "stato della presenza" übersetzt, dies ist im Deutschen jedoch schwer in einer griffigen Form wiederzugeben (Anmerkung der deutschen Übersetzer).

2 Dies bezieht sich auf die Unterteilung der Dzog-chen Schriften in Tantra (rgyud), Lung (lung) oder wörtlich "Zitate" und Geheime Unterweisungen (man.ngag). Während die beiden ersten Gruppen die Lehren enthalten, die ursprünglich von Garab Dorje übertragen worden sind, enthält die dritte Unterweisungen und Erklärungen, die das Ergebnis der Erfahrungen der Meister selbst sind.

3 Nach der Überlieferung war es Padmasambhava selbst, der König Trisong Detsen vorgeschlagen hatte, Vairocana nach Oddiyana zu schicken.

4 Unter diesem Titel gibt es ein Tantra des "Kuckucks" im rNying.ma'i rgyud.'bum, dem Schriftenkanon der Nyingmapa-Schule.

5 Die Dokumente von Tun Huang, das im chinesischen Turkestan liegt, wurden zu Anfang dieses Jahrhunderts von A.Stein und P.Pelliot entdeckt. Dank des sandigen Bodens blieben in Tun Huang, einst Hauptstadt des tibetischen Reiches, Manuskripte von unschätzbarem Wert für die tibetische Geschichte und Kultur erhalten.

5. Die sechs Verse des Vajra

sna.tshogs.rang.bhzin.mi.gnyis.kyang
cha.shas.nyid.du.spros.dang.bral
ji.bzhin.ba.zhes.mi.rtogs.kyang
rnam.par.snang.mdzad.kun.tu.bzang
zin.pas.rtsol.ba'i.nad.spnags.te
lhun.gyis.gnas.pas.bzhag.pa.yin

Die vielfältigen Dinge sind von Natur aus nicht dual.
Und doch ist ein jedes in seinem Zustand jenseits der Grenzen des Geistes.
Für den Zustand "so wie es ist" gibt es keinen Begriff.
Doch was auch erscheint, "alles ist gut".
Alles ist bereits vollkommen und damit die Krankheit des Anstrengens überwunden.
Du befindest dich im selbstvollkommenen Zustand - das ist Kontemplation.

6. Die Grundlage und die Sehweise

"Die vielfältigen Dinge sind von Natur aus nicht-dual und doch ist ein jedes in seinem Zustand jenseits der Grenzen des Geistes."

Die beiden ersten Zeilen der "Sechs Verse des Vajra" erläutern die Verfassung der ursprünglichen Grundlage und die Sehweise von Dzogchen. Auf der Ebene der Erscheinungen existieren unendlich viele Dinge und Phänomene, ihre wahre Natur aber ist eine einzige.

Bedenken wir einmal, wie viele unterschiedliche Menschen es gibt, wie viele verschiedene Länder mit ihren typischen Bergen, Flüssen und ihrer Vegetation oder wie viele Wesen es außerhalb der menschlichen Dimension geben kann und wie vieles in ihren Welten, das wir gar nicht kennen.

Alle Wesen leben aufgrund der von ihnen angehäuften Leidenschaften in unterschiedlichen karmischen Sehweisen. In den Sutren ist von 84000 Arten der Leidenschaft die Rede, die entsprechend viele Daseinsformen hervorbringen. Ohne diese Zahl wörtlich zu nehmen, bedeutet es doch, daß die unzähligen Formen der Leidenschaften ebenso viele karmische Entsprechungen haben können.

Die Lehre unterscheidet drei Arten der Vision oder Wahrnehmung: die karmische, unreine Vision der gewöhnlichen Lebewesen, die Vision der Erfahrung der Praktizierenden und die reine Vision der Erleuchteten.

Karmische Vision bezeichnet die trügerische Wahrnehmung jener Wesen, die sich in Transmigration befinden. Sie wird trügerisch genannt, weil sie durch das Karma bedingt ist und aufgrund bestimmter Ursachen in Erscheinung tritt. Die sechs Hauptleidenschaften gelten als grundlegende Ursache der sechs Existenzbereiche. Anhaftung, Eifersucht, Stolz, geistige Trübung, Habsucht und Zorn rufen die entsprechenden karmischen Visionen von Göttern, Halbgöttern, Menschen, Tieren, hungrigen Geistern (preta) und Höllenwesen hervor. Diese Existenzbereiche sind keine irgendwo im Universum lokalisierbaren

Welten, sondern karmische Visionen, die je nach Vorherrschen der einen oder anderen Leidenschaft in Erscheinung treten.

Für uns Menschen existiert die Hölle nicht, doch falls wir uns in diesem Leben besonders der Leidenschaft des Zornes hingeben, wäre es durchaus möglich, in der karmischen Vision der Hölle wiedergeboren zu werden. Dasselbe gilt für die übrigen Leidenschaften, die andere Arten von Wesen hervorbringen. Jedes dieser Wesen hat seine typische karmische Vision, die solange währt, bis das Karma, das sie verursacht hat, erschöpft ist. Als Beispiel dafür wird erzählt, daß sich die sechs Arten von Wesen einmal an einem Fluß trafen, ihn aber unterschiedlich wahrnahmen. Die Gottheit sah Nektar, der hungrige Geist glühende Lava, der Mensch klares Wasser, usw. Dies macht deutlich, daß es keine objektiv wirkliche, konkrete und für alle gleiche Betrachtungsweise gibt. Würden wir einem hungrigen Geist Wasser zum Trinken anbieten, würde er sich wahrscheinlich die Kehle verbrennen.

Manifestationen, die als Folge des Praktizierens auftreten, werden als "Vision der Erfahrung" bezeichnet. Durch Meditation können sich beispielsweise sichtbare Zeichen der inneren Entspannung der fünf Elemente des Individuums manifestieren. Bei der Praxis tantrischer Methoden des Visualisierens können Erfahrungen von Visionen eines Mandala oder einer Gottheit auftreten. Da ein Individuum unendlich viele Leidenschaften und Funktionen seiner Energie besitzt, können diese auf dem Weg dazu führen, unzählige Erfahrungen zu machen.

Sind die Ursachen der karmischen Wahrnehmung vollständig gereinigt, verschwindet die Wahrnehmung nicht, sondern sie zeigt sich in ihrem reinen Aspekt, in der Dimension der Erleuchteten. Im Tantra zum Beispiel ist das Ziel der Praxis die Umwandlung der fünf Leidenschaften in die fünf Weisheiten. Die Leidenschaften werden also nicht beseitigt oder vernichtet, sondern so umgewandelt, daß sie sich in ihrem gereinigten eigentlichen Aspekt manifestieren können. Die reine Vision der Erleuchteten ist den Begrenzungen von Zeit und Raum nicht unterworfen.

Diese drei Arten der Vision umfassen all die unzähligen Aspekte der Erscheinungen, deren Natur jedoch nicht-dual ist. Diese Natur ist die Grundlage, unser Wesen, das durch seine Klarheit, Reinheit und Ungetrübtheit der Eigenschaft eines Spiegels gleicht.

So wie in einem Spiegel entsprechend der jeweiligen Gegebenheiten verschiedene Spiegelungen erscheinen, so erscheint das wahre Wesen der Existenz in verschiedenen reinen oder unreinen Aspekten. Ihre Natur ist jedoch unveränderlich und daher wird sie als nicht-dual bezeichnet.

Warum wird der Begriff "nicht-dual" im Dzog-chen häufig anstelle von "Vereinigung" verwendet? Der Grund dafür ist, daß der Begriff "Vereinigung" von zwei unterschiedlichen Dingen, die zu vereinen sind, ausgeht, während die Bedeutung von "nicht-dual" das Konzept von zwei getrennten und zu verbindenden Dingen ausschließt. Dies ist eine Möglichkeit, die Grundlage zu erklären. Wie aber kann man sie wirklich verstehen? Sie ist nichts, was durch den Intellekt zu begreifen ist. Auch wenn wir meinen, die Bedeutung von "nicht-dual" erfaßt zu haben, täuschen wir uns doch, denn unser Geist bleibt immer innerhalb der Dualität.

Der Geist ist von Natur aus begrenzt, er besitzt nicht die Fähigkeit, an mehrere Dinge gleichzeitig zu denken, er existiert innerhalb des Relativen. Wenn wir denken, alles sei nicht-dual, beschäftigt sich in Wirklichkeit unser Geist in diesem Augenblick mit dieser Vorstellung. "Erkenntnis des nicht-dualen Zustandes" meint aber etwas anderes. Intellektuelles Verstehen und direktes Wissen sind zwei völlig unterschiedliche Dinge.

Im Dzog-chen dienen die Methoden der Praxis zur Unterstützung von Erfahrungen. Sie sind das wichtigste Mittel, um die Erkenntnis weiter zu entwickeln und Hindernisse, die dieser im Weg stehen, zu überwinden. Mittels der Praktiken können wir unzählig viele unterschiedliche Erfahrungen machen. Bleiben wir jedoch bei ihrer intellektuellen Beurteilung stehen, so führen sie nicht zur Erkenntnis, sondern sie werden sogar zu Hindernissen. Nur durch das Entdecken, daß in allen Erfahrungen einzig das Gegenwärtigsein zugrunde liegt, versteht man das Wesen des Dualismus.

Bei der Praxis der Kontemplation können wir unterschiedliche Erfahrungen machen, das Gegenwärtigsein im Zustand der Kontemplation jedoch ist immer dasselbe. Das bedeutet jedoch nicht, daß die Erfahrungen als wertlos oder belanglos angesehen werden, sondern daß sie nicht mit dem Zustand der Kontemplation verwechselt werden dürfen. Im allgemeinen wird von drei wesentlichen Arten der Erfahrung gesprochen:

der Freude, der Klarheit und der Abwesenheit von Gedanken[1], die den drei Aspekten Körper, Stimme und Geist entsprechen.

Die Erfahrung, von Gedanken frei zu sein, kann bedeuten, daß tatsächlich keine Gedanken auftauchen oder aber, daß wir in einem Zustand sind, in dem sie zwar auftauchen, aber nicht stören. Diese Erfahrung, die wir auch als Erfahrung der "Leere" des Geistes bezeichnen können, tritt bei geistiger Entspannung von selbst auf.

Die Erfahrung der Klarheit ist an die Energie gebunden, an den Aspekt der Stimme. Sie kann sich auf verschiedene Weise über Empfindungen oder Visionen manifestieren, beispielsweise als reine Erscheinung des Mandala einer Gottheit.

Die Erfahrung der Freude oder des Vergnügens ist mit dem physischen Aspekt, mit dem Körper verbunden. Übt man beispielsweise über längere Zeit die Meditation des ruhigen Zustandes, kann ein Gefühl aufkommen, als sei der Körper abwesend oder eine sehr angenehme Empfindung wie z.B.im Raum inmitten einer Wolke zu schweben.

Dies sind Beispiele für die vielfältigen Erfahrungen, die durch Praktizieren auftreten können. Sich im Zustand der Kontemplation zu befinden bedeutet, völlig entspannt zu sein. Sich an angenehme Erfahrungen zu klammern, sich von einer Vision oder einem gedankenfreien Zustand abhängig zu machen, bewirkt genau das Gegenteil. Um zu entspannen, dürfen wir uns nicht an eine Erfahrung festklammern und sie mit dem Zustand der Kontemplation verwechseln. Das kann ein großes Hindernis auf dem Wege zur Verwirklichung sein. Verweilt der Praktizierende über Tage hinweg im Zustand der Freude oder der Leere, ohne die Präsenz der Kontemplation aufrechtzuerhalten, ist es, als wäre er in seiner Erfahrung eingeschlafen. Dies kann vorkommen, wenn die Erfahrungen mit dem Ziel, das es zu erreichen gilt, verwechselt werden.

Zwischen einer Empfindung der Freude und einem Zustand der Leere besteht ein großer Unterschied. Die Natur beider Erfahrungen aber ist gleich. Wenn wir uns in einem Zustand der Leere befinden und dabei das Bewußt-Sein nicht verlieren, gibt es ein Gegenwärtigsein, das fortdauert: dieses Gegenwärtigsein ist dasgleiche auch in einem Zustand der Freude. Es ist einzigartig, jenseits des von unserem Geist Erfaßbaren. Es ist der nicht-duale Zustand, die Grundlage aller unzähligen Erscheinungsformen. Um diese Erkenntnis wiederzuerlangen, ist die direkte Einführung durch einen Meister unumgänglich.

Die zweite Zeile, "und doch ist ein jedes in seinem Zustand jenseits der Grenzen des Geistes", besagt, daß, auch wenn die Natur der Existenz nicht-dual ist, sich doch alle Dinge in ihrer Unterschiedlichkeit als Energie des ursprünglichen Zustandes manifestieren. Der wahre Zustand aller einzelnen Dinge, die als Objekt erscheinen, ist jenseits aller Definitionen und Vorstellungen. Im Falle der für die "tsel"-Energie typischen Erscheinungsform haben wir unseren ursprünglichen Zustand mit einer Kristallkugel verglichen, da ein Kristall durchsichtig und seine Natur hell, rein und klar ist. Wenn als sekundäre Ursache Sonnenstrahlen auf ihn treffen, breiten sich durch den Kristall unzählige Strahlen in den Farben des Regenbogens aus. So sind auch die reine Vision eines Erleuchteten, die sich in Form von Mandalas und Gottheiten manifestiert und die unreine Vision eines gewöhnlichen Wesens, begrenzt von Dualität und Karma, wie die Strahlen, die vom Kristall ausgehen. Die unzähligen Formen und Farben, vom Kristall ausgehend, sind wie die unendlich vielen verschiedenen Erscheinungsformen unseres ursprünglichen Zustandes.

Im Dzog-chen heißt es: "Das Objekt als solches ist von Anfang an rein". Jedes beliebige Objekt hat eine äußere Erscheinung, aber seine Natur ist von Anbeginn rein, sie ist Leere. Wenn wir als "gemeinsame karmische Vision" beispielsweise einen gelben Vorhang sehen, so wird ihn weder ein Tier noch ein anderes Wesen ähnlich sehen, da sie nicht die karmische Ursache eines Menschen besitzen. Es gibt keine allgemeingültige, feststehende und unwandelbare Betrachtung. Nichts, was als Objekt in Erscheinung tritt, ist konkret, sondern es ist Teil unseres ursprünglichen Zustandes. Die wahre Natur des Objekts läßt sich nicht definieren, deshalb heißt es: "Jenseits der Grenzen des Geistes."

Wenn wir uns in diesem nicht-dualen Zustand befinden,inmitten der Manifestationen unzähliger unterschiedlicher Phänomene, so beginnen wir wirklich zu "entspannen". Solange wir diesen Zustand noch nicht entdeckt haben, bleibt jede Entspannung des Körpers, der Stimme und des Geistes vorübergehend. Wir können unseren Körper entspannen, indem wir uns hinlegen und unsere Energie, indem wir Atemübungen machen. Doch all dies führt nur zu einer begrenzten Entspannung, denn um tatsächlich Wirkung zu zeigen, müssen diese Übungen täglich wiederholt werden. Sind wir aber sehr nervös, gelingt es uns manchmal überhaupt nicht, uns zu entspannen, auch wenn wir es versuchen, da wir sehr von den jeweiligen Umständen abhängig sind.

Wir möchten alle ein ruhiges und entspanntes Leben führen. Auch wer keiner religiösen Richtung angehört und möglicherweise behauptet, an nichts zu glauben, wird sich ein ruhiges Leben wünschen. Deshalb ist die Lehre nicht nur für jene Menschen interessant, die sich "spirituell" fühlen, sondern sie ist wirklich für jeden, der entspannter leben und seine täglichen Probleme leichter lösen will, von Nutzen.

Normalerweise haben wir viele verschiedene Probleme und Konflikte. Das ist Samsara. Buddha hat gesagt, der charakteristische Aspekt des Samsara sei das Leiden. Betrachten wir unsere Lebensumstände einen Tag, eine Woche, einen Monat lang, so werden wir feststellen, daß es nie an Leid fehlt. Können wir uns zudem nicht einmal entspannen, dann ist alles noch schlimmer, da wir die Situation durch unsere Aufregung nur noch verschlechtern. Wenn wir uns aufregen, werden auch die einfachsten Dinge schwierig. Es ist wirklich wichtig zu lernen, sich zu entspannen. Aber es ist nicht nötig, es mit Absicht zu tun. Im Zustand jenseits aller Spannungen entspannt sich alles von selbst. In Wirklichkeit gibt es im wahren Zustand der Kontemplation nichts zu entspannen, da die Natur selbst entspannt ist.

Dzog-chen kann als eine Art vollkommener Entspannung definiert werden. Diese Bedeutung liegt auch anderen Begriffen inne, die verwendet werden, den Zustand der Kontemplation zu umschreiben, wie z.B. "auf seinem Platz lassen" (cog.bzhag), "die Spannung lösen" (khregs.chod), oder "jenseits der Anstrengung" (rtsol.bral). Einige Gelehrte haben Dzog-chen als "direkten Weg" eingestuft und es mit Lehren wie dem Zen, in dem dieser Begriff oft benutzt wird, verglichen.

In den Dzog-chen Texten wird jedoch der Begriff "direkter Weg" oder "nicht stufenweise" (cig.car) nicht verwendet, da die Vorstellung eines "direkten Weges" notwendigerweise einen Ausgangs- und einen Endpunkt beinhaltet. Im Dzog-chen ist das Wissen das einzige Prinzip. Wenn wir darüber verfügen, stellen wir fest, daß wir schon immer da sind, wo wir ankommen wollen. Deswegen wird der Begriff "in sich vollkommen" (lhun.grub) verwendet.

Im Mahayana spricht man von zehn Bhumi oder Ebenen der spirituellen Verwirklichung eines Bodhisattva, die stufenweise zur vollkommenen Erleuchtung führen. Diese Kategorien basieren auf einer fortschreitenden Reinigung der subtilen Hindernisse der Erkenntnis. Im nicht-dualen Zustand gibt es jedoch keine Ebenen oder Stufen der Verwirklichung. Es gibt nur ein einziges Bhumi, die Erkenntnis.

Erkenntnis entsteht und reift durch Entspannung. Sich entspannen bedeutet jedoch nicht, nichts zu tun. Manchmal wird das Prinzip "ohne zu verändern" falsch verstanden und man überläßt sich der Zerstreuung. Dzog-chen zu praktizieren heißt, lernen sich zu entspannen und dabei die Kontemplation in allen Situationen beizubehalten. Im Zustand völliger Ganzheit sind wir entspannt und uns der unzähligen Erscheinungen der Energie gegenwärtig. Um zu praktizieren ist es nicht nötig, die Anschauungen einer religiösen Tradition oder einer philosophischen Richtung zu studieren. Dzog-chen kann auch ohne die Anwendung vieler Begriffe oder komplizierter Ausdrücke verstanden werden. Wir gebrauchen beispielsweise den Begriff "Dzog-chen", da er die Natur der völligen (chen) Ganzheit (dzog) des Zustandes des Individuums bezeichnet. Würden wir dagegen einen anderen Begriff verwenden, so wäre das kein Unterschied. Das Prinzip ist die Übertragung der Erkenntnis, die das Individuum öffnen und erwecken kann, nicht die Begriffsbestimmung einer geistigen Tradition.

Manche denken, ein Meister sei nicht notwendig und um zu praktizieren genüge es, sich an die Anleitungen, die in Büchern beschrieben sind, zu halten. Abgesehen davon, daß ein Buch nicht die lebendige Übertragung der Lehre besitzt, kann es Beispiele und Erklärungen enthalten, die nicht für jeden geeignet sind.

Ein Meister arbeitet mit seinen Schülern zusammen, hilft ihnen den Zustand der Kontemplation durch die Erfahrung des Körpers, der Stimme und des Geistes zu finden und lehrt viele verschiedene Methoden, die Erkenntnis weiter zu entwickeln. Da er die spezielle Eigenart des Schülers kennt, kann der Meister ihm zu den für ihn am besten geeigneten Methoden raten.

Diese beiden ersten Zeilen der "Sechs Verse des Vajra" beschreiben auch "die Art zu sehen" gemäß der Dzog-chen-Lehre: Die nicht-duale Natur aller Dinge bezieht sich nicht auf etwas Äußeres, sondern auf uns selbst, auf unser eigenes Wesen. Doch wie können wir diesen nicht-dualen Zustand erfassen, solange unser Blick nach außen, von uns weg gerichtet ist ? Alles, was hinter dem Gitter der Dualität erscheint, ist Ergebnis der Trennung von Subjekt und Objekt, die wir selbst mit unserem Geist geschaffen haben. Hier entspringen Beurteilung, Anhaftung und Karma. "Nicht-dual" bedeutet einfach, sich bewußt zu sein, daß die Grundlage unserer Vision die potentiellen Möglichkeiten unseres ursprünglichen Zustandes sind.

In den verschiedenen Traditionen des tibetischen Buddhismus wird unter der "Art zu Sehen" die philosophische Theorie verstanden, welche die Grundlage einer Schule bildet. Alle tibetischen Schulen erkennen die Philosophie Nagarjunas, die der Gipfelpunkt der buddhistischen Mahayana-Philosophie ist, als die höchste Form der Anschauung an. Diese Anschauung, auch "mittlerer Weg" genannt, bestätigt die Unmöglichkeit, irgendetwas in Hinsicht auf die absolute Realität, das unaussprechliche Wesen der Leere, zu definieren. Auf diese Weise hat Nagarjuna mit scharfer Logik den extremistischen Ansichten aller philosophischen Schulen seiner Zeit eine Niederlage zugefügt.

Im Laufe der darauf folgenden Jahrhunderte sind jedoch zwischen den tibetischen Schulen Meinungsverschiedenheiten bezüglich der Interpretation der Philosophie Nagarjunas aufgekommem, die zu theoretischen Kontroversen und endlosen Disputen geführt haben. Jede Schule hat versucht, ihre eigene Sichtweise durch Logik und Spekulation zu verteidigen und zu vertreten. Diese Haltung hat jedoch nichts mit der "nicht-dualen" Sichtweise, die jenseits von Überlegung und Diskussion ist, zu tun.

Die buddhistische Philosophie begründet sich auf dem Konzept der "zwei Wahrheiten", der relativen und der absoluten. Die absolute Wahrheit entspricht dem absoluten, leeren, nicht-dualen Zustand, die relative allem, was auf der Ebene der relativen Existenz erscheint. In der Praxis entspricht die Phase, in der man mit geradem Rücken in Meditation verweilt, dem absoluten Zustand. Wenn die Meditationssitzung beendet ist und man wieder zum normalen Tagesablauf zurückkehrt, findet man sich im relativen Zustand, so als hätten wir zwei Beine, eins der absoluten und eins der relativen Wahrheit, um auf dem Weg zur Verwirklichung vorwärts zu gehen. Verwirklichung wird als die Vereinigung dieser beiden Wahrheiten definiert. Im Dzog-chen gibt es von Anfang an diese Betrachtungsweise der zwei Wahrheiten nicht. Der nicht-duale

Zustand wird als Grundlage sowohl für die Art des Sehens als auch für die Praxis eingeführt.

Die "Art zu Sehen" darf gemäß der Dzog-chen Lehre nicht so verstanden werden, als schauten wir durch eine Brille nach außen. Auch wenn wir Tausende von Farben und Formen klar erkennen würden, wäre die Blickrichtung falsch. Um dies deutlich zu machen, verwenden wir das Beispiel des Spiegels. Schauen wir in einen Spiegel, so sehen wir unser Gesicht und müssen es akzeptieren, ob es uns gefällt oder nicht. Nur auf diese Weise können wir entdecken, was dahintersteckt, und beginnen etwas zu begreifen.

Die Art zu Sehen bezieht sich auf das Verstehen der Grundlage. Doch ist es leicht möglich, daß dies nur ein intellektuelles Wissen bleibt. Das kann ein sehr subtiles und schwer zu beseitigendcs Ilindernis darstellen, da wir uns dessen oft nicht bewußt sind. Im allgemeinen gibt es für einen Praktizierenden zwei Arten von Hindernissen, jenes der Leidenschaften und jenes der Erkenntnis. Hindernisse der Leidenschaften und des negativen Karmas sind relativ leicht aufzudecken. Hindernisse der Erkenntnis aber sind so subtil, daß selbst ein weit fortgeschrittener Praktizierender davon blockiert werden kann. Auch wenn Leidenschaften und Anhaftung überwunden sind und er eine gewisse Stabilität in der Meditation erreicht hat, versperrt er sich unwillkürlich den Weg zur Realisierung, solange er sich an die Idee oder den Begriff von "Erkenntnis" klammert. Deshalb ist im Dzog-chen die Art und Weise, wie die Grundlage zu verstehen ist, ein höchst wichtiger Punkt.

Es gibt Menschen, die einem Meister folgen und blind alles glauben, was er sagt, ohne es in der Praxis zu überprüfen. Andere wiederum denken, sie müßten über alles diskutieren und räsonieren. Aber in Wirklichkeit lösen wir weder durch Diskutieren etwas noch dadurch, daß wir alles, was der Meister sagt, widerspruchslos übernehmen, als ob er ein Befehlshaber wäre. Wir brauchen nur das, was uns der Meister mitteilt, erproben und so können wir das Wissen in uns selbst finden. Wenn der Meister etwas erklärt, will er damit nicht seine Meinung untermauern, sondern seinen Schülern die Mittel zur Verfügung stellen, die es ihnen ermöglichen, ihre eigene Natur zu verstehen.

Ein Meister lehrt, erklärt und hilft, aber er kann nicht durch ein Wunder andere Menschen erleuchten, indem er ihre Verfassung verwandelt. Manch einer ist überzeugt, daß es außergewöhnliche Meister gibt, die in der Lage sind, Erleuchtung zu "schenken". Das aber kann kein Meister. Doch es liegt in seiner Macht,etwas zu erklären und verständlich zu machen und so die Erkenntnis auf vielfältige Weise zu übertragen. Wenn sich der Schüler jedoch der Praxis widmet und dadurch in die Erkenntnis eintritt, kann man sagen, daß der Meister ein Wunder vollbracht hat. Auch Buddha sagte: "Ich gebe den Weg, aber die Verwirklichung hängt von euch ab."

Manchmal ist es jedoch nicht möglich, die Lehre zu übermitteln, weil es den Menschen an Verständnis und Beteiligung mangelt. Vor einigen Jahren war ich in Nepal im Gebiet der Sherpas. Viele Sherpas kamen, um mir einen Besuch abzustatten, da sie gehört hatten, daß ich eine Reinkarnation sei[2]. Sie kamen in mein Zimmer, brachten mir Reis, Geld und den traditionellen Glückwunsch-Schal, baten um einen Segen und gingen wieder fort. Keiner von ihnen hat mich um eine Belehrung gebeten. Das ist das typische passive Verhalten gegenüber der Lehre.

Buddha hat gesagt, daß die Verwirklichung von jedem selbst abhängt. Er war vollkommen erleuchtet, allwissend und mitfühlend. Das Leid der Lebewesen war ihm nicht gleichgültig. Weshalb hätte er nicht das Wunder vollbringen sollen, alle Wesen, die sich in Transmigration befinden, zu erleuchten? Wenn selbst Buddha diese Fähigkeit nicht besaß, kann sie auch kein anderer besitzen. Deshalb müssen wir versuchen, der Lehre gegenüber aktiv zu sein und sie im Leben praktisch anwenden.

Um einen Zustand der Kontemplation zu erreichen, der so gefestigt ist, daß wir ihn in die alltäglichen Tätigkeiten integrieren können, bedarf es zahlreicher Erfahrungen, die durch Praktizieren gewonnen werden können. Es ist jedoch unnötig, sich wegen der mannigfaltigen Methoden zu beunruhigen und sich von ihnen abhängig zu machen. Wir nehmen uns beispielsweise vor, nachdem wir eine Einweihung oder bestimmte Belehrung erhalten haben, diese Praxis täglich auszuführen. In den ersten Tagen wird dies wahrscheinlich nicht zu Schwierigkeiten führen. Aber dann werden langsam Konflikte auftauchen, weil wir uns dazu gezwungen haben, völlig von dem Gedanken beherrscht, daß wir uns unbedingt zum Praktizieren hinsetzen müssen, selbst wenn dies die Umstände nicht erlauben. Im Dzog-chen wird diese Einstellung als wenig förderlich für den Fortschritt der Praxis gesehen, denn wenn wir von den Formen der Lehre abhängig sind, erfassen wir das Wesentliche des Zustandes der Entspannung nicht.

In meinem Schrank hängen zum Beispiel verschiedene Kleidungsstücke, aber das bedeutet nicht, daß ich sie unbedingt anziehen muß. Ich wähle jedesmal das, was zu dem Anlaß am besten paßt. So gibt es auch in der Lehre Tausende von Methoden, aber wenn wir das Prinzip der Kontemplation verstehen, ist es nebensächlich, welche wir anwenden.

Die Dzog-chen Lehre beruht auf vier Punkten. Erstens: "Sie beruht auf dem wirklichen Sinn und nicht auf dem konventionellen Sinn." "Konventioneller Sinn" meint hier Erkenntnis zu vermitteln, indem auf Gewohnheiten und Mentalität der Menschen, die sie aufnehmen sollen, eingegangen wird. Buddha hat damalige Begriffe und Gedanken der indischen Kultur verwendet, auch wenn er sich des illusorischen Charakters aller Vorstellungen bewußt war. Seine Reden hatten immer den einen Zweck, die Erkenntnis des Zustandes jenseits aller Vorstellungen, den "realen Sinn", zu vermitteln. Von Dzog-chen wird gesagt, daß es auf dem wirklichen Sinn gründet, da es von Anfang an lehrt, den natürlichen Zustand zu finden, ohne irgend etwas zu berichtigen und zu beeinflussen.

Der zweite Punkt ist: "Sie beruht auf dem Individuum, nicht auf der Lehre." Auf dem Weg der Entsagung übergibt sich der Mensch der Lehre. Da er die Fähigkeit,Verantwortung zu übernehmen,nicht besitzt, beschließt er, Regeln einzuhalten und ist bereit, Handlungen, die die Ordensregel verbietet, nicht zu begehen. Dzog-chen beruht auf dem Individuum, denn das Wichtigste ist, die eigenen Fähigkeiten zu erkennen und die Methoden anzuwenden, die ihnen am ehesten entsprechen.

Der dritte Punkt besagt: "Sie beruht auf der ursprünglichen Weisheit und nicht auf dem Geist." Der Geist ist die Grundlage von Dualität und Konflikten. Die ursprüngliche Weisheit ist die Natur des Zustandes der vollkommenen Bewußtheit, ein Wissen, das als Folge der Übertragung des Meisters entsteht und sich durch Übung in der Kontemplation entwickelt.

Der letzte Punkt ist: "Sie beruht auf der Bedeutung, nicht auf den Worten." Dies heißt, daß wir den tiefen Sinn dessen, was der Meister vermittelt, begreifen sollten und uns nicht an der buchstäblichen Bedeutung der Worte festhalten sollten. So kann ein Begriff wie z. B. Bodhicitta ganz unterschiedliche Bedeutung haben, je nachdem, ob er im Zusammenhang mit Sutra, Tantra oder Dzog-chen gebraucht wird.

Von einer Grundlage auszugehen,ist kein ausschließliches Merkmal des Dzog-chen, sondern existiert in allen buddhistischen Traditionen. Im Sutra bildet die Erkenntnis der beiden Wahrheiten, der relativen und der absoluten, die den Begriffen von "Geist" und "Natur des Geistes" entsprechen, die Grundlage. Der Weg besteht im Ansammeln von Verdiensten und Weisheit. Das Ansammeln von Verdiensten ist mit der relativen Existenz des Individuums verbunden: durch den Einsatz der drei Ebenen werden mit dem Körper tugendhafte Handlungen vollbracht, mit der Stimme Reinigungsmantras rezitiert und im Geist Gedanken des Mitgefühls entwickelt. Die tugendhaften Handlungen haben die Kraft, die Hindernisse abzubauen, und schaffen damit die notwendigen Voraussetzungen für den Weg der Anhäufung von Weisheit.

Das Ansammeln von Weisheit schließt die Kenntnis der absoluten Existenz, des kontemplativen Zustandes, mit ein. Dies wird auch im Sutra als Hauptweg angesehen. Buddha hat gesagt: "Ein Mensch, der solange in Kontemplation verweilt, wie eine Ameise braucht, um von der Nasenspitze bis zur Stirn zu gelangen, sammelt mehr Weisheit an als einer, der sein ganzes Leben dem Dharma gewidmet und den Buddhas und Gottheiten Opfergaben dargebracht hat." Und doch wird es im Sutra für schwierig gehalten, den Weg der Weisheit direkt zu verstehen und ihn anzuwenden, es wird daher für notwendig gehalten, sich zu reinigen und Verdienste anzusammeln.

Es wird erzählt, daß Buddha, als er seinen Schülern zum erstenmal den Zustand der Erkenntnis zu vermitteln versuchte und niemand ihn verstand, gesagt hat: "Ich habe einen tiefgründigen und klaren Weg gefunden, jenseits von Vorstellung und Erklärung. Doch wenn ich versuche, ihn mitzuteilen, versteht ihn niemand. Ich werde mich in den Wald zurückziehen, um in der Einsamkeit zu meditieren." Das zeigt, wie schwierig es ist, den Weg der Weisheit zu vermitteln. In einem Dzogchen Text in Versform[3] heißt es über das Wesen des Urgrundes: "Um das Wesen desselben zu erklären, reicht selbst die Sprache Buddhas nicht aus."

ANMERKUNGEN

1 Im Tibetischen bde.ba, gsal.ba und mi.rtog.pa

2 Namkhai Norbu ist als Inkarnation von Ngawang Namgyal (Ngag.dbang rnam.rgyal) (1594 -1651), dem Gründer des Staates Bhutan und von Azom Drugpa (A.'dzom 'brug.pa) (1892-1924), einem großen Dzog-chen-Meister, der unter anderem ein Meister von Chang-chub Dorje war, anerkannt worden.

3 Es handelt sich um das "Streben nach der Grundlage, dem Weg und der Frucht" (gzhi.lam.'bras.bu'i.smon.lam), das im Longchen Nyingthig (klong.chen snying.thig) enthalten ist, einem berühmten Terma, das von Jigme Lingpa ('Jigs med ging.pa) (1729-1798) enthüllt wurde.

7. Der Weg und die Art des Praktizierens

"Für den Zustand 'so wie es ist' gibt es keinen Begriff,
doch was auch erscheint, alles ist gut".

Die Dzog-chen Lehre sagt: "Jenseits von Anstrengung", oder auch "nichts erzeugen, nichts verändern, nichts wechseln, sondern sich im wahren Zustand so wie es ist befinden". Ein Begriff, dazu benützt, um einen Zustand jenseits der Vorstellungen zu beschreiben, kann jedoch selbst zur Vorstellung werden. Geradeso als ob wir jemanden fragten : "Wie heißt du ?" und er zur Antwort gibt: "Ich habe keinen Namen", aber wir würden ihn nun aus einem Mißverständnis heraus "Ich habe keinen Namen" nennen.

Diese beiden Zeilen erklären den Sinn des Weges und der Praxis. "So wie es ist" (ji.bzhin.ba) ist ein Ausdruck, der in den alten Dzog-chen Texten häufig gebraucht wird. Er ist ein Synonym für "nicht korrigiert" (ma.bcos.pa) und andere Begriffe, die den wahren natürlichen Zustand bezeichnen, der nicht korrigiert, beeinflußt oder verändert ist. Korrigieren und Verändern sind typische Reaktionen des dualistischen Geistes. Sich im nicht-korrigierten Zustand zu befinden bedeutet,über den Geist hinauszugehen. Dies ist nicht nur, wie auch in anderen Traditionen, das Ziel der Praxis, vielmehr sollte von Anfang an versucht werden, zur Erkenntnis des Zustandes "so wie es ist" zu gelangen.

Im Tantra entspricht die Einführung in die ursprüngliche Natur des Geistes der Endphase der Praxis nach den Stadien der Entwicklung und Vervollkommnung. Im Dzog-chen wird direkt in diesen Zustand eingeführt, der nicht nur den Geist betrifft, sondern auch den Körper und die Stimme. Alle Aspekte unserer Existenz müssen sich in einem "nicht korrigierten" Zustand befinden, um in die Kontemplation integriert werden zu können.

Im großen Raum des Vajrasattva (rDo.rje sems.dpa' nam.mkha' che)[1], einem der Haupttexte der "Serie von der Natur des Geistes", steht geschrieben: "Die Körperhaltung zu verändern, um einen Zustand der Kontemplation zu finden, entspricht nicht Dzog-chen. Den Körper kontrollieren und den Rücken gerade halten ist nicht Kontemplation, sondern kann zu einem Hindernis für die Kontemplation werden." Aufgrund solcher Aussagen machen einige Dzog-chen den Vorwurf, die Meditation im Sitzen, die Kontrolle der Haltung und der Atmung usw. abzulehnen. Dzog-chen jedoch lehnt nichts ab. Wenn von Nicht-Kontrolle des Körpers gesprochen wird, ist damit einfach der echte, unveränderte Zustand gemeint, in dem nichts zu verändern oder zu verbessern ist. Alle Veränderungen entspringen aus dem Geist und sind demzufolge unecht und künstlich.

In der "Serie der Geheimen Unterweisungen" werden vier Aspekte, die Kontemplation weiterzuführen, die vier "auf seinem Platz lassen"[2], erklärt. Der erste, "der Berg", bezieht sich auf die Haltung des Körpers. Was heißt das? Ein Berg kann unterschiedlich hoch sein und die verschiedensten Formen haben, aber er ist immer fest und verändert seine Lage nie. Genauso nimmt der Körper im Laufe des Tages den Umständen entsprechend verschiedene Stellungen ein. Jede dieser Körperstellungen eignet sich für die Kontemplation und braucht daher nicht verändert zu werden. Liege ich in dem Moment, in dem ich mich im Zustand des "So-Seins" befinde, ausgestreckt da, so ist das meine natürliche Haltung - so wie die eines Berges. Es ist nicht nötig, mich sofort mit geradem Rücken und gekreuzten Beinen aufzusetzen. Das gleiche gilt, wenn ich mich beim Kaffeetrinken in Kontemplation befinde: Es ist unnötig, in mein Zimmer zu laufen, die Tür zu schließen und mich in Meditationshaltung zu setzen. Alle Situationen sind nützlich, um zu lernen, die Kontemplation in den Alltag zu integrieren.

Um die Praxis mit dem Leben zu verbinden, genügt es nicht, jeden Tag ein paar Meditationssitzungen zu machen. Jeder Tag hat vierundzwanzig Stunden. Welche Ergebnisse können wir erzielen, wenn wir nur ein oder zwei Stunden praktizieren? "Integration" bedeutet das Leben, den Zustand "so wie es ist", zu verstehen und es nicht zu korrigieren, dann wird jede Lebenssituation zur Praxis.

Man könnte sich die Frage stellen: "Im Dzog-chen wird gelehrt, nichts zu korrigieren. Ist es also unnötig, Atem- und Visualisierungsübungen u.a. zu machen, da diese ja auf Korrektur beruhen?" Im Dzogchen heißt "ohne zu korrigieren" jedoch nicht, Praxismethoden abzuwerten oder zu verneinen. Der Praktizierende sollte offen, entspannt und in der Lage sein, die Methoden anzuwenden, ohne sich von ihnen konditionieren zu lassen. Manchmal kann es vorkommen, daß Einzelheiten der Haltung des Körpers und der Hände, der Farben und der Form der zu visualisierenden Gottheit große Bedeutung beigemessen und darüber der eigentliche Sinn dessen, was man tut, vernachlässigt wird. Körperhaltung, Atmung und Visualisierung, die mit den drei Aspekten unserer Existenz verbunden sind, stellen nur ein Mittel dar, um in den entspannten Zustand der Kontemplation einzutreten. Es gibt Tausende von Methoden. Viele davon sind einander ähnlich; wenn wir daher der äußeren Form und nicht der wirklichen Bedeutung folgen, werden wir sicher auf Zweifel und Widersprüche stoßen. Alle Probleme und Konflikte entspringen dem Geist, der wie ein beschränkter Mensch ist, der von fünf noch beschränkteren Freunden, den fünf Sinnen, unterstützt wird. Wenn wir jedoch den Zustand der Kontemplation jenseits von Anstrengung und Beurteilung kennen, werden wir auch die Probleme, die mit den Methoden der Praxis zusammenhängen, überwinden.

Im Tantra ist die Transformation über die Visualisierung der reinen Dimension das Mittel, um in den "nicht korrigierten" Zustand zu gelangen. Nehmen wir als Beispiel das Hevajra Tantra. Hevajra ist der Name einer reinen Erscheinung eines erleuchteten Wesens, so wie sie ein Meister empfangen hat. Nachdem man die Übertragung des Hevajra Tantra erhalten hat, übt man täglich die Vision der Verwandlung und benützt das Mantra, um die Vision mit unserer Energie zu verbinden. Ab einem bestimmten Punkt ist die Vision der Verwandlung nicht mehr von der Visualisierung abhängig, sondern wird ein Ausdruck unserer Klarheit. Alles wird wieder darin integriert - in der Kontemplation des Mahamudra. Wenn wir diesen Zustand erreichen, ist die Transformation nicht mehr das Wesentliche. Dies wird deutlich, wenn wir die Verse der Mahasiddha und ihre Biographien lesen.

Einer der berühmtesten Praktizierenden des Hevajra Tantra war der Mahasiddha Virupa. Ursprünglich war er ein großer Gelehrter, ein Pandit, der dann begann, Tantra zu praktizieren. Jahrelang übte er die Methode der Transformation des Hevajra und rezitierte vor allem das Mantra von Damema (bDag.med.ma), der Gefährtin Hevajras. Es wird berichtet, daß er eines Tages, während er sich in einem Zustand der Kontemplation vollkommener Klarheit befand, plötzlich aufsprang und seine Mala[3], die er gewöhnlich beim Rezitieren des Mantras zwischen den Händen hielt, in die Latrine warf. Als er in sein Zimmer zurückkehrte, warf er das Mandala der Opfer, das er für die Praxis vorbereitet hatte, zu Boden und ging fort, ohne je wieder zurückzukehren. Virupa war erwacht, doch alle dachten, er sei verrückt geworden.

Manchmal zeigen Erleuchtete Verhaltensweisen, die denen eines Verrückten gleichen, da sie außerhalb der konventionellen Grenzen der Normalität liegen. In Wirklichkeit sind wir die Verrückten: "Ver-rückt" von den fünf Leidenschaften und allen Verhaftungen. Da wir uns dessen nicht bewußt sind, halten wir diejenigen für verrückt, die sich nicht dem üblichen Verhalten anpassen. Deshalb sind viele Meister wie z.B. Drukpa Kunle ('Brug.pa kun.legs), die im Leben ein Verhalten jenseits aller Grenzen an den Tag legten, "verrückte Yogi" genannt worden.

Wir haben gesehen, daß auch im Tantra in der letzten Phase der Übung die in der Vorstellung erzeugte Verwandlung aufgelöst wird und ein Zustand der vollständigen Verbindung mit der reinen Manifestation jenseits aller Konzepte erreicht wird. Doch um dieses Niveau zu erlangen, bedarf es vieler Jahre des Praktizierens in vollständiger Zurückgezogenheit.

Dzog-chen, "der Weg der Selbstbefreiung", beruht auf dem Prinzip der Erkenntnis: doch nicht in dem Sinne, daß wir uns einfürallemal entscheiden, etwas zu kennen und nichts mehr daran zu verändern, sondern daß wir den ursprünglichen Zustand des Gegenwärtigseins konkret entdecken.

Die Praxis im Dzog-chen kann z.B. damit beginnen, ein Objekt zu fixieren, um erst einmal die Gedanken zu beruhigen. Danach wird die Fixierung gelockert, die Abhängigkeit von einem Objekt wird aufgegeben und der offene Raum wird fixiert. Wenn ein stabiler Zustand der Ruhe erreicht ist, dann wird es wichtig, mit der Bewegung der Gedanken und der Energie zu arbeiten und sie in die bewußte Kontemplation zu integrieren. Von diesem Punkt an kann die Kontemplation im täglichen Leben angewandt werden. Dieses System ist charakteristisch für die "Serie von der Natur des Geistes", aber es ist nicht gesagt, daß unbedingt mit der Fixierung und der Meditation des ruhigen Zustandes begonnen werden muß. In der "Serie des uranfänglichen Raumes" und in jener der "Geheimen Unterweisungen" wird zum Beispiel direkt in den Zustand der Kontemplation eingeführt. Insbesondere die erste enthält sehr genaue Anweisungen, wie ein reiner Zustand der Kontemplation gefunden werden kann. Die zweite erklärt hauptsächlich die Art und Weise, wie die Kontemplation unter allen Lebensumständen beibehalten werden kann.

Die Praxis der Kontemplation ist in der Verszeile "doch was auch erscheint, alles ist gut"[4] zusammengefaßt. Auch wenn der Zustand "so wie es ist" mit dem Verstand nicht erfaßt werden kann, so sind doch alle Erscheinungsebenen des ursprünglichen Zustandes - einschließlich unserer karmischen Vision davon - vorhanden. All die verschiedenen Aspekte der Farben, der Formen usw. erscheinen unaufhörlich. Wenn wir uns in Kontemplation befinden, so bedeutet das nicht, daß die unreine Vision verschwindet und die reine Vision erscheint. Daß wir einen materiellen Körper haben, hat eine karmische Ursache und deshalb hätte es keinen Sinn, unsere Situation verlassen oder verleugnen zu wollen. Wir müssen uns dessen nur bewußt sein. Wir sollten verstehen, daß die konkrete materielle Vision, die so viele Probleme mit sich bringt, nichts anderes ist als der grobe Aspekt der Dimension der Farben, der Essenz der Elemente. So ist beispielsweise Wasser die materielle Erscheinungsform der Farbe Weiß, der Essenz des Elementes Wasser und durch Karma und Unwissenheit so geworden. Entdecken wir jedoch dieses Prinzip, so können wir den Prozeß umkehren, d.h. das Wasser in den feinstofflichen Zustand der leuchtenden Essenz zurückführen. Über die Kontemplation, die dazu das wesentliche Mittel ist, können wir unsere eigene Energie wieder mit der Energie der Materie vereinen.

"Alles ist gut", die Übersetzung des Namens Samantabhadra, des Ur-Buddhas der Dharmakaya-Dimension, besagt, daß die Vision nicht verändert oder aufgelöst zu werden braucht. So wie sie ist, ist sie vollkommen. Im nicht-dualen Zustand können selbst Tausende von Erscheinungen die Kontemplation nicht stören. "Gut" hat hier nichts mit einer Vorstellung von "positiv" im Gegensatz zu "negativ" zu tun." Gut" bezieht sich auf den Zustand, in dem weder Negatives aufzugeben noch Positives anzunehmen ist. Alle Erscheinungen sind jenseits von gut oder schlecht und Ornament des ursprünglichen Zustandes.

Im Dzog-chen ist es nicht nötig, die unreine Vision mittels der Vorstellungskraft in eine reine zu verwandeln. Alles, was wir sehen, ist Ausdruck unserer natürlichen Klarheit. Wenn wir ein Steinhaus sehen und versuchen uns vorzustellen, es wäre in eine Lichtdimension verwandelt, so spielen wir nur mit unserem Geist. Das Haus, so wie es erscheint, auch wenn es eine karmische Vision darstellt, ist Ausdruck unserer Klarheit. Weshalb sollten wir sie blockieren oder umwandeln? Probleme entstehen erst dann, wenn wir anfangen, das Haus zu beurteilen, ob es schön oder häßlich, groß oder klein ist. Über das Denken kommen wir sehr schnell zum Handeln und zum Erzeugen von Karma.

Macig Labdron (Ma.gcig lab.sgron) hat in ihren Belehrungen über die Chöd-Praxis (gcod) erklärt, daß es vier Dämonen oder Hindernisse gibt, die die Verwirklichung stören. Der erste heißt "der Dämon, der (die Sinne) blockiert[5]". Wenn wir einen schönen Gegenstand sehen und der Geist dann zu urteilen beginnt, entsteht Verlangen und wir fallen der Leidenschaft zum Opfer. Wo liegt der Ursprung? Zunächst nehmen die Augen ohne jede Vorstellung von schön oder häßlich den Gegenstand wahr. Dann tritt der Geist in Funktion und die direkte Sinneswahrnehmung wird blockiert: der wahrgenommene Gegenstand wird zum Hindernis, zum Dämon. Wird jedoch die Wahrnehmung nicht durch die Beurteilung blockiert, befreit sich die Vision von selbst, so wie eine Schlange sich aus ihren eigenen Verknotungen selbst befreit. Wenn etwas Schönes erscheint, ohne daß wir zu urteilen beginnen, ist es Teil der Klarheit. Das gleiche gilt, wenn etwas Gräßliches erscheint. Weshalb sollten wir nach dem einen verlangen und das andere ablehnen? Die Klarheit liegt nicht im Geist, sondern in der reinen Gegenwart des ursprünglichen Zustandes jenseits von Gut und Schlecht. In Tibet wurden Praktizierende des Chöd bei Epidemien und ansteckenden Krankheiten gerufen, da sie gegen jede Ansteckung immun waren, nachdem sie alle Vorstellungen von "gut" und "schlecht", von "rein" und "unrein" überwunden hatten.

Während der Kontemplation ist es wichtig, gegenwärtig zu bleiben, ohne an Körper, Stimme oder Geist etwas zu verändern. Wir sollten entspannt sein, aber die Sinne sollten wach und gegenwärtig sein, da sie die Tore zur Klarheit sind. Wenn wir alle Spannung in Haltung, Atmung und im Denken auflösen und nur waches Gegenwärtigsein bewahren, werden wir uns ohne jede Anstrengung entspannen.

Wenn wir zu praktizieren beginnen, mag es uns scheinen, als sei das Durcheinander der Gedanken noch größer geworden, doch dies ist auf die Entspannung des Geistes zurückzuführen. Die Bewegung der Gedanken war schon immer vorhanden, aber jetzt bemerken wir sie, da unser Geist klarer ist, wie bei einem Meer, dessen Grund nicht gesehen werden kann, solange es aufgewühlt ist.

Wenn wir uns der Gedankenbewegungen bewußt werden, sollten wir lernen, sie in unserem Gegenwärtigsein mit einzubeziehen,ohne ihnen zu folgen oder uns von ihnen ablenken zu lassen. Was bedeutet "sich ablenken zu lassen"? Wenn ich jemanden sehe und sofort denke, daß er oder sie unsympathisch ist, so habe ich mich in das Beurteilen verwickelt und zerstreut. Weshalb sollte mir im Zustand des reinen Gewahrseins eine Person, die ich sehe, unsympathisch sein? Auch sie ist Teil meiner Klarheit. Auf diese Weise lösen sich alle Spannungen und Konflikte und alles wird Teil des entspannten Zustandes.

Allgemein wird von zwei nachteiligen Erscheinungen beim Praktizieren gesprochen: Dumpfheit und Erregung. Manchmal ergreift uns während der Praxis Schläfrigkeit oder aber unser Geist ist so aufgewühlt, daß uns unsere Gedanken nicht zur Ruhe kommen lassen und es unmöglich ist, einen ruhigen Zustand zu finden. Es gibt spezielle Übungen, diesen Problemen entgegenzuwirken, doch wenn wir uns innerlich entspannen können, überwinden wir sie ganz von selbst.

Jemand, der zu praktizieren beginnt, zieht sich gern an einen abgeschiedenen Ort zurück, weil er das Bedürfnis verspürt, eine ruhige Verfassung, ein geistiges Gleichgewicht zu finden. Doch sobald er anfängt, den Zustand der Kontemplation zu erfahren, sollte er diesen Zustand in alle täglichen Aktivitäten, wie z.B. Sprechen, Gehen, Essen usw. einbeziehen. Ein Praktizierender des Dzog-chen sollte sich nicht der Gesellschaft entziehen und sich zur Meditation auf einen Berg flüchten. Gerade in unserer Gesellschaft ist ein solches Verhalten nicht angemessen, denn wir müssen alle arbeiten und ein normales Leben führen. Doch wenn wir die Kontemplation in unser Leben einbeziehen können, dann wird sich der Fortschritt in der Praxis gleichfalls zeigen.

Praktizieren bedeutet, Teil der Vision zu sein. "Vision" umfaßt alle sinnlichen Wahrnehmungen. Ob ich mich nun in einem Zimmer mit angenehmer Musik oder an einem Ort voll ohrenbetäubenden Lärms, z.B. in einer Fabrik, befinde, macht keinen Unterschied; alles ist Teil der Vision. Ich kann den zarten Duft einer Rose riechen oder den Gestank einer Latrine, auch dies ist Teil der Vision. Jegliche Sinneswahrnehmung, sei sie angenehm, unangenehm oder neutral, ist immer Teil der Vision. In der Kontemplation wird die Vision als Erscheinung der Energie des ursprünglichen Zustandes wahrgenommen: nichts muß abgelehnt oder angenommen werden. Der Zustand des entspannten Gegenwärtigseins, in das jede Wahrnehmung einbezogen ist, ist der Kern der Praxis.

Das Wissen um die Kontemplation wird direkt vom Meister zum Schüler weitergegeben. Im Dzog-chen sind Erklären und Verständlichmachen Teil der Übertragung. Dazu ist es nicht nötig, ein Mandala vorzubereiten oder den Kopf des Schülers mit einem Gefäß zu berühren[6]. Dies sind rituelle Elemente, die zu der tantrischen Tradition gehören. Es ist auch nicht unabdingbar, das Zufluchtsgelübde, einer der Grundpfeiler des Buddhismus, zu empfangen. Manche fühlen sich, obwohl sie Dzog-chen Belehrungen erhalten haben, unzufrieden, weil sie das Zufluchtsgelübde[7] nicht empfangen haben. Das zeigt, daß sie den wirklichen Sinn der Zuflucht nicht kennen, denn auch in den Sutren wird bestätigt, daß die endgültige Zuflucht das Wesen der Tathagatas, der Zustand der ursprünglichen Erleuchtung ist.

Heutzutage ist das Zufluchtsgelübde auch in der westlichen Welt verbreitet. Nach der rituellen Zeremonie, in der eine Haarsträhne abgeschnitten und ein tibetischer Name verliehen wird, könnte jemand denken: "Jetzt habe ich Zuflucht empfangen, nun bin ich ein Buddhist." Doch in Wirklichkeit ist es nicht nötig, sich als Buddhist zu fühlen. Unser Zustand "so wie es ist" reicht völlig aus, warum sollten wir etwas anderes werden als das, was wir schon sind?

Ein Gelübde anzunehmen bedeutet, nicht die Fähigkeit zu haben, sich selbst zu kontrollieren. Aber die Fähigkeit ist von den Umständen abhängig und kann entwickelt werden. Deshalb müssen wir zunächst herausfinden, wie unsere Fähigkeiten sind und sie dann entsprechend dem, was notwendig ist, durch unterschiedliche Übungen weiterentwickeln. Es gibt z.B. sehr viele Reinigungsübungen, die dazu dienen Hindernisse, die der Klarheit im Wege stehen, aufzulösen. Der Schüler wird daher die für ihn geeignete Methode der Reinigung anwenden. Der Meister kann nicht für ihn entscheiden, sondern nur Ratschläge und Hinweise geben, um ihm zu helfen, sich selbst klarer zu sehen und für sich selbst verantwortlich und bewußt zu werden.

Auf dem Weg der Entsagung wird hingegen völlig anders verfahren, da sein grundsätzliches Prinzip die Einhaltung von Regeln ist, die das Verhalten von Körper, Stimme und Geist zügeln. Gebote einer religiösen Tradition sind jedoch nicht allgemeingültig, sondern von den jeweiligen Umständen und Zeiten abhängig. Eine Vorschrift, die heute vernünftig erscheint, kann sich morgen durch die Veränderung der Zeit und der Gewohnheiten als überflüssig erweisen. Die Regeln des Vinaya beispielsweise werden sich sicherlich aus Verhaltensweisen der Schüler Buddhas, die für die damalige Umwelt als unschicklich galten, entwickelt haben. Nehmen wir einmal an, daß einige Schüler nackt herumliefen und, da die Dorfbewohner daran Anstoß nahmen, Buddha folgendes Gesetz verkündete: "Die Schüler Buddhas sollen nicht nackt herumlaufen." Auf ähnliche Weise werden die 252 Regeln des Vinaya entstanden sein. Darüberhinaus ist es offensichtlich, daß einige dieser Regeln aufgrund der klimatischen Bedingungen Indiens entstanden sind und es unmöglich gewesen wäre, sie in Tibet einzuhalten, wenn sie nicht seinem Klima und seiner Ernährung angepaßt worden wären.

Im Dzog-chen lernen wir, selbstverantwortlich zu werden ohne einer Regel zu folgen. Ein Mensch, der Regeln folgt, ist wie ein Blinder, der einen Führer braucht. Deshalb wird gesagt, daß ein Praktizierender des Dzog-chen die Augen öffnen und seinen eigentlichen Zustand entdecken muß, um von nichts und niemandem mehr abhängig zu sein.

Manch einer, den seine normale Beziehung zu seinem Meister nicht zufrieden stellt, mag denken: "Der Meister ist ein ganz normaler Mensch, der wie ich Spaghetti ißt und Wein trinkt. Ich will aber in direkten Kontakt mit Buddha oder Padmasambhava treten." Im Grunde genommen haben wir alle diese Einstellung, denn der Hauptgrund für die menschliche Geburt ist der Stolz. In Wirklichkeit ist es jedoch sehr schwierig,mit Buddha in Kontakt zu treten, wenn wir ihn nicht im Meister erkennen. Für einen Schüler ist sein Meister der wahre Buddha.

Im Abhisamayalankara, einem Kommentar des Prajnaparamitasutra, steht: "Auch wenn die Sonnenstrahlen stark sind, kann man ohne Brennglas kein Feuer entfachen. Auch wenn tausend Buddhas voller Weisheit sind, kann man ihre Weisheit ohne Meister nicht empfangen." Dies wird in einem Text, der zum Sutra gehört, bestätigt.

Im Tantra des "Kuckucks" steht: "In die Erkenntnis des Zustandes "so wie es ist" wird vom Meister durch die Übertragung eingeführt und durch die Kontemplation wird sie entwickelt. Die Bedeutung des Meisters entspricht der des Minerals, das Gold reinigt." In Tibet wurde zur Reinigung des Goldes von den Substanzen, die es bedecken, ein Mineral benutzt, das im Kontakt die wirkliche Farbe des Goldes erscheinen läßt. Gold steht hier für das, was wir Dzog-chen nennen, den von Anfang an aus sich selbst heraus vollkommenen Zustand, unser wahres Wesen. Die Substanzen, die das Gold bedecken, sind die Hindernisse und die Verwirrung der relativen Existenz, die die Erkenntnis des ursprünglichen Zustandes daran hindern, in Erscheinung zu treten. Das Mineral, welches das Gold reinigt und seine wahre Farbe zutage treten läßt, ist die Kraft der Übertragung des Meisters, die uns erlaubt, unser wahres Wesen wieder zu entdecken. Auch wenn das verkrustete Gold wie ein Stein oder ein Stück Erde aussieht, sind seine Eigenschaften immer vorhanden, sie müssen nur wieder entdeckt werden. Der Meister ist untrennbar mit dem Wissen verbunden. Deshalb ist im Dzog-chen eine der wichtigsten Praktiken, um die Kontemplation zu entwickeln, das Guru-Yoga, die Vereinigung mit dem Meister. Sinn dieser Praxis ist es, die Übertragung des Meisters im Leben des Schülers lebendig und gegenwärtig zu halten.

Ein weiteres grundlegendes Element in der Lehre, das aus dem Tantrismus stammt, ist Samaya, das "Versprechen", das in der Sutra-Tradition dem Gelübde entspricht. Erhält man beispielsweise eine Einweihung, so verspricht man diese Transformationspraxis täglich auszuführen und das Mantra mindestens drei- oder siebenmal zu rezitieren. Darüber hinaus gibt es noch viele dazugehörige Samaya zu beachten.

Das einzige Samaya im Dzog-chen ist, sich im Zustand "so wie es ist" zu befinden. Alles andere wie Urteile, mentale Konstruktionen oder Einschränkungen ist künstlich und überflüssig. In jedem Augenblick sollten wir, ohne uns ablenken zu lassen, versuchen, einen entspannten Zustand zu finden.

Wenn wir uns im Zustand der Kontemplation befinden, folgen wir den Gedanken nicht, auch wenn sie zu Tausenden entstehen. Das ist so, als wären wir Wächter, die alles, was geschieht, beobachten: Das verstehen wir unter "Gegenwärtigsein". Sich im Zustand "so wie es ist" befinden heißt also, ständig gegenwärtig zu sein. Das Samaya des Dzogchen heißt also, sich nicht zu zerstreuen, das ist alles. Wenn wir zerstreut sind, heißt das nicht, daß unser Samaya gebrochen ist, wir müssen es bemerken und von neuem versuchen, uns nicht ablenken zu lassen.

Es gibt zwei Arten, sich nicht zu zerstreuen. Die beste Art ist, wenn unsere Fähigkeit zur Kontemplation so weit entwickelt ist, daß wir unsere Handlungen in den Zustand des Gegenwärtigsein einbeziehen können. Das ist das Ziel der Praxis, auch "große Kontemplation" genannt.

Solange wir dieses Niveau noch nicht erreicht haben, gibt es eine Möglichkeit,sich nicht abzulenken, die mehr mit dem Geist verbunden ist: Wir bewahren ein Minimum an Aufmerksamkeit. Das ist nicht Kontemplation, da immer noch eine Absicht, eine aktive Mitwirkung des Geistes vorhanden ist, aber es ist sehr nützlich,um den Zustand des Gegenwärtigseins zu entwickeln.

Wenn wir bemerken, daß wir irgendwie angespannt sind, dann ist es wichtig loszulassen, ohne jedoch gegen die Ablenkung anzukämpfen, denn das Ergebnis wäre das Gegenteil. Im täglichen Leben sollten wir immer daran denken,uns zu entspannen; das ist der Schlüssel. Nehmen wir ein konkretes Beispiel. Während wir in einem Zimmer sitzen, kommt es uns in den Sinn, einen Gegenstand zu holen, der sich in einem anderen Zimmer befindet. Sobald dieser Gedanke aufkommt, erkennen wir ihn. Wir sind uns seiner bewußt, aber wir blockieren ihn nicht und versuchen auch nicht, ihn fallen zu lassen. Ohne uns zu zerstreuen, bewahren wir ein inneres, entspanntes Gegenwärtigsein, stehen auf und gehen ins andere Zimmer. Dabei versuchen wir in allem, was wir tun, gegenwärtig zu sein. Das ist eine sehr wichtige Praxis, zu der weder eine besondere Körperhaltung notwendig ist noch die Kontrolle des Atems oder eine Visualisierung; wir sollten einfach versuchen gegenwärtig und entspannt zu sein.

Zu Beginn ist es wahrscheinlich nicht leicht, ständig gegenwärtig zu sein, aber nach und nach wird es uns gelingen, die Bewegungen unseres Körpers in dieses Gegenwärtigsein mit einzubeziehen. Dasselbe gilt für die Stimme: Während wir sprechen, diskutieren oder singen, sollten wir versuchen, solange wie möglich gegenwärtig zu bleiben. Dasselbe gilt für den Geist, während wir überlegen, uns etwas vorstellen, usw. Hier könnte der Gedanke aufkommen: "Wie ist es möglich, Denken und Gegenwärtigsein zu verbinden, wenn doch der Verstand Ursache der Ablenkung ist?" Der Geist ist in Wirklichkeit wie das Bild in einem Spiegel. Wenn wir die ureigenste Fähigkeit des Spiegels - die Spiegelung - erkennen, wird das Spiegelbild nichts Äußeres mehr sein, das als etwas Getrenntes wahrgenommen wird. Befinden wir uns in der Natur des Spiegels, ist jeder Aspekt des Körpers, der Stimme und des Geistes Ausdruck der Weisheit des Zustandes des Gegenwärtigseins. Die Weisheit liegt jenseits des Geistes, aber "jenseits" bedeutet nicht, daß sie nicht in Bezug zueinander stehen. Sie verhalten sich zueinander wie das Spiegelbild zum Spiegel.

Die Fortsetzung der Kontemplation wird über die verschiedenen Erfahrungen, an die sie gebunden ist, erklärt. Alle Erfahrungen des Praktizierens stehen in Bezug zu unseren Existenzbedingungen. Im allgemeinen kennen wir zwei Aspekte oder charakteristische Zustände: den "ruhigen Zustand" und die "Bewegung".

Beobachten wir, wie ein Gedanke entsteht, um zu sehen, woher er kommt, wo er verweilt und wohin er sich auflöst, so finden wir nichts Konkretes. Auch wenn es so scheint, als sei der Gedanke da, verschwindet er doch ohne eine Spur zu hinterlassen, wenn wir ihn beobachten. Bei der Stimme und dem Körper verhält es sich genauso. Wenn wir zum Beispiel Kopfschmerzen haben und beobachten, woher der Schmerz kommt und wohin er geht, wenn er verschwindet, können wir nichts benennen. Dieser Zustand der Leere entspricht dem ruhigen Zustand.

Doch wenn die Gedanken auch verschwinden, so tauchen doch ständig wieder neue auf: Das bedeutet Bewegung, die Natur der Klarheit. Im Dzog-chen ist es wichtig, mit der "Bewegung" arbeiten zu können und damit alle Aspekte der Energie zu integrieren. Der "ruhige Zustand" ist lediglich eine Erfahrung und nicht die Kontemplation selbst. In Kontemplation, im Zustand des Gegenwärtigseins, gibt es keinen Unterschied zwischen ruhigem Zustand und Bewegung und deshalb ist es nicht notwendig zu versuchen, einen Zustand frei von Gedanken zu erreichen.

Garab Dorje hat gesagt: "Wenn sie (die Gedankenbewegung) entsteht, beobachte den Zustand, in dem sie entsteht. Wenn sie sich befreit, beobachte den Zustand, in dem sie sich befreit. Zwischen Entstehen und sich Befreien gibt es keinen Unterschied." Wenn wir Kontemplation üben, brauchen wir nicht den ruhigen Zustand zu suchen und die Bewegung zu vermeiden, sondern diese eine Gegenwart in beiden Erfahrungen zu bewahren.

In allen buddhistischen Meditationstraditionen wird von zwei Phasen gesprochen: Der Meditation der Stille, "shine", und der intuitiven Einsicht, "lhanton" (lhag.mthong)[8]. Shine Meditation entspricht dem Zustand geistiger Ruhe, der Entspannung, in der Gedanken nicht mehr stören können. Mit "lhanton" ist allgemein ein inneres Erwachen der Erkenntnis gemeint. Doch dafür gibt es je nach Lehrsystem verschiedene Interpretationen.

Im Sutra wird "lhanton" als Ergebnis der Meditation der Stille angesehen, das von selbst entsteht und sich auf Körper, Stimme und Geist bezieht. Im Tantra ist es eine bestimmte Stufe der Verwirklichung der Transformationspraxis und manifestiert sich durch bestimmte Veränderungen des Prana, der Chakras und ähnliches. In gewissem Sinne entspricht "Shine" der Leere und "lhanton" der Klarheit. Ihre Vereinigung ist das Ziel der tantrischen Praxis.

Im Dzog-chen, in der "Serie von der Natur des Geistes", bezeichnet "lhanton" eine Stufe der Integration des Zustandes des Gegenwärtigseins in die Bewegungen. Sie wird auch "unwandelbarer Zustand" (mi.g.yo.ba) genannt, der von keinerlei Bewegung gestört werden kann. "Bewegung" bedeutet in diesem Fall auch die Kraft des karmischen Prana, die im allgemeinen beträchtlichen Einfluß auf den Geist hat. In diesem Zustand ist jeder Aspekt des Körpers, der Stimme und des Geistes in die Kontemplation integriert. Ein Praktizierender, der in der Nähe einer lauten Maschine meditiert, braucht keinen ruhigen Ort zu suchen; seine Praxis ist in jede Art von Wahrnehmung völlig integriert. Er ist nicht auf die Erfahrung eines ruhigen Zustandes festgelegt, sondern ist sich der karmischen Dimension der Bewegung bewußt und nimmt sie nicht als etwas Äußeres wahr.

Zur Erklärung der Stufen des Fortschrittes in der Kontemplation werden die Bilder des Baches, des Flusses, des Meeres usw. benutzt, um damit die Entwicklung der Fähigkeit zur Integration zu beschreiben. Hat der Praktizierende die völlige Stabilität in der Kontemplation erreicht, dann befindet er sich, sobald er einschläft, im Zustand des natürlichen Lichts[9], auch wenn er keine spezielle Praxis macht. Während er träumt, ist er sich bewußt, daß er träumt. Seine Praxis ist vollendet; ob im Leben oder im Tod, er ist immer gegenwärtig, er hat die Dimension des Sambhogakaya verwirklicht. Stirbt er, dann ist er unverzüglich bereit, wenn das Bardo des essentiellen Zustandes (dharmata) erscheint.

ANMERKUNGEN

1 Der Große Raum des Vajrasattva (rDo.rje sems.dpa' nam.mkha'.che) ist ein Text, der zur Kategorie der "Lung" gehört. Es wird überliefert, daß Garab Dorje ihn zum erstenmal als Kind übermittelt hat und ihn spontan rezitierte.

2 Cog.bzhag rnam.pa bzhi, "die vier ohne Korrektur belassen", sind: der Berg (ri.bo cog.bzhag), der mit dem Aspekt des Körpers verbunden ist; der Ozean (rgya.mtsho cog.bzhag), der mit den Augen verbunden ist; der Zustand des Gegenwärtigseins (rig.pa cog.bzhag) und die Vision (snang.ba cog.bzhag), die auf der Integration aller Sinneswahrnehmungen beruht

3 Die buddhistische Entsprechung des Rosenkranzes mit 108 Perlen

4 Diese Verszeile setzt sich in tibetischer Sprache aus den Namen Vairocanas (rnam.par snang.mdzad), einem der fünf Buddhas des Sambhogakaya und Samantabhadras (kun.tu.bzang.po), der den Dharmakaya darstellt, zusammen

5 Thogs.bcas.kyi.bdud. Die anderen drei Dämonen, die den Fortschritt des Praktizierenden behindern, sind "der Dämon, der nicht blockiert" (thogs.med), bezogen auf die Gedanken, "der Dämon des Genusses" (dga'.brod), bezogen auf das Anhaften an die Ergebnisse der Praxis, und "der Dämon der Selbstzufriedenheit" (snyem.byed), das "Prinzip des Ego".

6 Gemeint ist hier die "Einweihung der Vase" (bum.dbang), deren Ziel es ist, die Hindernisse des Körpers zu reinigen.

7 Das Gelübde der Zuflucht ist in allen Traditionen die Grundlage der buddhistischen Praxis, sowohl für Mönche als auch für Laien. Das, wozu man Zuflucht nimmt, sind Buddha, die Lehre (Dharma) und die Gemeinschaft (Sangha), die sogenannten "drei Juwelen". Im Tantra sind dies Meister (Guru), Gottheit (Deva) und Dakini.

8 Auf Sanskrit Samatha und Vipasyana.

9 Der Zustand des natürlichen Lichts ('od.gsal) entspricht der Phase vom Moment des Einschlafens bis zum Aufkommen der Träume. In dieser Zeitspanne verweilt der Praktizierende kontinuierlich in der Klarheit des Zustandes des Gegenwärtigseins, obwohl der Geist nicht in Funktion ist.

8. Die Frucht und die Verhaltensweise

" Alles ist bereits vollkommen und damit die Krankheit des Anstrengens überwunden.

Du befindest dich im selbstvollkommenen Zustand - das ist Kontemplation. "

Wenn wir verstehen, daß unser wahres Wesen der in sich vollkommene Zustand ist, haben wir eine Grundlage, die wir entwickeln können. Ist das nicht der Fall, so verbleiben wir in Unwissenheit, auch wenn wir verschiedene Lehrsysteme studiert haben. In diesem Sinne kann ein sehr gebildeter Mensch als unwissend bezeichnet werden, während ein anderer ohne die geringste Schulbildung wirklich im Besitz der Erkenntnis sein kann. Studium, Analysen, philosophische Untersuchungen u.ä. können nützlich sein, wenn wir verstehen,sie zu nutzen. Oft jedoch sind sie ein Hindernis für das wirkliche Verstehen.

Nehmen wir als Beispiel jemand, der sich auf die östliche Philosophie verlegt, weil er mit der westlichen unzufrieden ist. Während er studiert und sich in die verschiedenen Strömungen vertieft, trifft er auf die Philosophie des Buddhismus und ist von ihren Grundsätzen fasziniert. Er glaubt, endlich eine gültige Alternative zu seiner eigenen Kultur gefunden zu haben. Er vertieft seine Studien noch mehr, wird Schüler der Philosophie Nagarjunas und ist von dieser Sichtweise völlig überzeugt. Tatsächlich aber ist er nur Sklave der Ideologie Nagarjunas geworden, da er vom Prinzip der "Leere" nur eine Idee, eine Vorstellung hat, aber kein wirkliches Wissen, das auf Erfahrung beruht. Alle philosophischen Überzeugungen und Theorien, auch wenn sie vollkommen erscheinen, können von einem Tag auf den anderen zusammenbrechen, da sie auf etwas grundsätzlich Falschem beruhen, nämlich der Vernunft.

Im Dzog-chen heißt es, wir sollen nichts Unechtes erschaffen, sondern wirklich den Sinn dessen, was wir tun, begreifen. Es ist nicht wichtig, sich zu der einen oder anderen Schule, Tradition oder Sichtweise zu zählen. Es macht keinen Unterschied, ob wir uns als Buddhisten fühlen oder nicht. Im Grunde genommen ist es bereits eine Beschränkung, sich als Anhänger von etwas zu fühlen. Was wir wirklich brauchen, ist unseren Verstand zu erkennen, uns zu öffnen, indem wir alle Hindernisse beseitigen.

Im vorigen Jahrhundert hat in Tibet eine Gruppe von Meistern versucht, die ideologischen Barrieren zwischen den verschiedenen Schulen abzuschaffen, um die Öffnung und den Austausch zwischen den unterschiedlichen Lehren und Übertragungslinien zu begünstigen. Diese Meister, die ursprünglich verschiedenen Schulen angehörten, waren alle große Dzog-chen Praktizierende. Auch wenn sie sich selbst nicht benannt haben, wurde für sie der Name "Nicht-Sektierertum" (ris.med)[1] geprägt. Für einen Dzog-chen-Praktizierenden ist es wirklich unnötig, sich als "Nicht-Sektierer" zu definieren, denn auch das ist eine Position. In Wirklichkeit ist jede Definition eine Begrenzung.

Es wird beispielsweise erklärt, daß der ursprüngliche Zustand aus den drei Weisheiten Essenz, Natur und Energie besteht. Aber diese Erklärung richtet sich an uns, die wir begrenzt sind und in der Transmigration umherirren, damit wir uns eine Vorstellung davon machen können. Alle Analysen und Definitionen haben nichts mit dem ursprünglichen Zustand zu tun, sie sind nur ein Mittel, das dem Umstand unserer Unwissenheit angemessen ist.

Jamyang Khyentse Wangpo ('jam.dbyangs mkhyen.brtse'i dbang.po) und Jamgon Kongtrul ('jam.mgon kong.sprul) werden beide als Begründer des "Nicht-Sektierertums" angesehen, auch wenn diese nie die Absicht hatten, sich als eine Schule zu formieren. Wenn die Sonne am Himmel aufgeht, breiten sich unweigerlich ihre Strahlen aus. Die Sonne sagt nicht: " Seht meine Strahlen, wie sie leuchten!", es sind die Menschen, die aus der Erfahrung von Dunkelheit sagen: " Hier ist das Sonnenlicht." Die Meister jener Tradition haben, indem sie Dzog-chen praktizierten, ein Verhalten jenseits der Grenzen einer Sekte gezeigt, ohne je eine Gegenposition zur sektiererischen Sichtweise zu beziehen.

Über Dzog-chen wird gesagt: " Es begrenzt nicht, es gehört keiner Schule an." Grenzen sind eine typische dualistische Erscheinung und Ursache der Transmigration. Grenzen zu überwinden bedeutet, den Zustand "so wie es ist" auf eine Art und Weise zu entdecken, die unserem Verständnis der Existenz des Körpers, der Stimme und des Geistes entspricht. Dies ist von grundlegender Bedeutung. Die Idee des Nicht-Sektierertums beinhaltet noch eine dualistische Sichtweise von sich und den anderen. Um die Praxis in alle Dinge und Umstände einzubeziehen, müssen wir die Barriere aus dem Weg räumen, die wir "ich und die anderen" nennen. Im wirklichen Zustand gibt es keine Barriere, alle Spannungen lösen sich. Praktizieren heißt Spannungen lösen.

Man spricht soviel von der Überwindung der Anhaftung, aber woher kommt sie? Aus der Spannung, die infolge der Spaltung zwischen sich und den anderen entsteht. Die einzig wahre Art,sie zu überwinden ist, sich im Zustand entspannten Gegenwärtigseins zu befinden. Gegenwärtigsein ist als solches von Natur aus entspannt.

Die letzten beiden Verszeilen erklären die Bedeutung der Frucht und der Verhaltensweise. Im Dzog-chen ist das Verhalten im Zustand des Gegenwärtigseins die Frucht; weiter gibt es nichts zu erreichen. Wenn wir das erkannt haben, entdecken wir, daß alles schon seit Anfang an vollendet ist. Der aus sich selbst vollkommene Zustand ist die natürliche Eigenschaft des Zustandes "so wie es ist": Es gibt nichts, was zu vervollkommnen wäre. Es genügt,dieses Wissen zu haben.

Um zu praktizieren ist es nicht nötig, eine besondere Haltung oder Sehweise anzuwenden. Wir sollen unsere Existenz durch nichts beeinflussen, sondern uns in einem natürlichen Zustand befinden. Die Anstrengung und Mühe, die aus Sorge und Anspannung entsteht, sind eine typische Erscheinung des Geistes. In diesen beiden Verszeilen werden sie mit einer Krankheit verglichen; wenn man sie überwunden hat, findet man sich endlich in der Dimension der echten Erkenntnis der Vollkommenheit aus sich selbst heraus.

Das wahre Wesen kann nicht erschaffen oder konstruiert werden. Es ist der wirkliche Zustand eines jeden Individuums, der an die relative Existenz des Körpers, der Stimme und des Geistes gebunden ist. Wenn wir das Wissen darum besitzen, dann verbindet sich unser entspanntes Gegenwärtigsein mühelos und ohne Anwendung einer Meditationssitzung mit unserem Leben; die Kontemplation dauert an.

Wird dieser Zustand erreicht, tritt automatisch die Eigenschaft der Vollkommenheit aus sich selbst in Erscheinung: Die Manifestation der drei Körper - als ob am Himmel die Sonne aufgeht und sich ihre Strahlen verbreiten.

Im Dzog-chen ist das Verhalten der Schlüssel zur Praxis, nicht weil es Regeln gibt, was wir tun oder lassen sollten. Das Prinzip ist, zu lernen, Verantwortung zu übernehmen, die aus Bewußheit entsteht.

Sich weiterhin in allem, was geschieht, zu verlieren und zerstreut zu bleiben, ist eine der Gefahren, den Sinn von "nicht korrigieren" mißzuverstehen. Es wird erzählt, daß Padmasambhava seinen Schülern folgenden Rat gegeben habe: " Was die Erkenntnis betrifft, so folgt der Art des Sehens und Praktizierens im Dzog-chen; aber was das Verhalten betrifft, so haltet euch an die Regeln des Vinaya." Sicherlich hat Padmasambhava das nicht gesagt, weil er Verantwortung zu lernen nicht für wichtig hielt, sondern aus Vorsicht, um keine Veranlassung zu Mißverständnissen zu geben.

Nub Sangye Yeshe (gnubs sangs.rgyas ye.shes), ein tibetischer Meister und Schüler Padmasambhavas, hat in seiner Abhandlung "Das Licht für die Augen der Meditation" (bsam.gtan mig.sgron)[2] geschrieben: " Einige Meister bestätigen, daß, um den Zustand des "Nicht-Korrigierens" zu verwirklichen, dies ohne zu korrigieren nicht gelänge, auch wenn dies das Prinzip von Dzog-chen sei. Sie nennen ihre Lehre Dzog-chen, aber in Wirklichkeit lehren sie, auf verschiedene Weise zu korrigieren. Dies ist ein Irrtum; es ist so, als ob man einen Pfeil abschießt, ohne zu wissen, was das Ziel ist."

Es ist wichtig, das genaue Ziel zu kennen, das wir im Dzog-chen ansteuern sollen. Aber gleichzeitig sollte man die eigenen Fähigkeiten nicht unterschätzen. Wenn meine Fähigkeit nicht ausreicht, um bewußt zu leben, wird es besser sein, wenn ich Regeln befolge, bis mein Bewußtsein reifer geworden ist. Wenn ich zum Beispiel gerne trinke, aber weiß, daß Alkohol mir schadet, kann ich versuchen, nicht zu trinken. Wenn ich jedoch, sobald ich eine Flasche sehe, ein starkes Verlangen verspüre und mich nicht kontrollieren kann, bedeutet das, daß ich eine klare Regel brauche. Auch das ist Teil der Bewußtheit.

Es wird gesagt, daß Dzog-chen eine Lehre für Menschen mit höheren Fähigkeiten sei. "Höhere Fähigkeiten" bedeutet die erforderlichen Eigenschaften zu besitzen, um die Lehre zu verstehen und anzuwenden. Fehlt uns eine Eigenschaft, so werden wir versuchen,sie zu entwickeln.

Um Ergebnisse zu erzielen,muß Bewußtheit immer von Gegenwärtigsein begleitet sein. Bewußt zu sein heißt, die Konzequenzen einer Handlung zu kennen; aber manchmal tun wir etwas, obwohl wir wissen, daß es schädlich ist, weil das Gegenwärtigsein fehlt. In diesem Fall macht es keinen Unterschied, ob wir Bewußtheit besitzen oder nicht. Eine Person, die in einem Moment der Zerstreutheit ein Glas voll Gift trinkt - auch wenn sie sich seiner Wirkung bewußt ist - wird genauso sterben wie eine andere, die sich dessen nicht bewußt war.

Es geschieht leicht, daß wir uns durch Leidenschaften, Anspannung, Anhaftung usw. ablenken lassen. Anfangs können zwei Verliebte nicht einen Moment voneinander getrennt sein. Nach einigen Wochen, Monaten oder Jahren beginnt diese Leidenschaft schwächer zu werden. Sie wird ein wenig schal. Man hat nicht mehr die gleiche Empfindung. Im Gegenteil, wenn man einander zu nahe ist, fühlt man sich gestört. Manchmal wird die Beziehung so schwierig, daß man an einen Punkt kommt, wo man sich haßt oder Gewalt anwendet. Das ist ein Beispiel der Zerstreuung durch Leidenschaft.

Ein Dzog-chen Praktizierender sollte versuchen, bewußt zu sein und die wahren Umstände der Beziehung zu verstehen, ohne sie durch Leidenschaften zu verfälschen. Die Beziehung zwischen zwei Menschen ist sehr wichtig. Besonders wenn es sich um zwei Praktizierende handelt, ist es von wesentlicher Bedeutung, zusammenarbeiten zu können und keine Probleme und Hindernisse zu schaffen. Es liegt in der Natur des Menschen, als Paar zu leben und nicht den Leidenschaften zu entsagen. Wenn zwei Praktizierende zusammenleben, dürfen sie nicht auf blinde Leidenschaft bauen, weil daraus negative Konzequenzen entstehen können. Wenn wir die Natur der Leidenschaften kennen, können wir sie in die Praxis einbauen, ohne sie aufzugeben oder zu verkennen.

In diesem Zusammenhang wird im Tantra von der Umwandlung der Leidenschaften in Weisheit gesprochen. Wenn wir in der Lage sind, die Gegenwärtigkeit des Zustandes "so wie es ist" zu finden, werden im Dzog-chen alle Leidenschaften und Empfindungen zu Erfahrungen, um die Erkenntnis zu entwickeln. Es stimmt wirklich nicht, daß ein Praktizierender keine Leidenschaften haben darf und zum Stein werden muß. Im Gegenteil, er soll alle Erscheinungen der Energie besitzen und sie, ohne sich von ihnen ablenken zu lassen, in die Kontemplation einbeziehen.

Im Dzog-chen wird immer dazu geraten, sich selbst zu helfen, mit sich selbst zusammenzuarbeiten. Auf welche Weise? Indem wir uns der eigenen Bedingungen unter verschiedenen Umständen bewußt sind: Wenn wir zu angespannt oder verwirrt sind, versuchen wir, uns zu entspannen, uns Raum zu geben. Wenn wir müde sind, ruhen wir uns aus. Es ist nicht nötig genauen Regeln zu folgen, auch wenn sie manchmal -

wie gesagt - nützlich sein können. Wir müssen immer unser Ziel vor Augen haben: Ein Verhalten im wirklichen Gegenwärtigsein.

Auch im Hinblick auf die Gesellschaft ist es wichtig ein bewußtes Verhalten an den Tag zu legen, um das Heranreifen einer wirklichen Evolution des einzelnen Menschen zu ermöglichen. In vielen politischen Ideologien gibt es das Prinzip des Kampfes für den Aufbau einer besseren Gesellschaft. Aber wie? Indem die alte durch eine Revolution umgestürzt wird. In Wirklichkeit ist der Nutzen daraus immer relativ und zeitlich begrenzt und man erreicht nie eine wirkliche Gleichheit der sozialen Klassen. Eine bessere Gesellschaft wird nur durch die Evolution des einzelnen Menschen möglich sein. Die Gesellschaft besteht aus Millionen von Menschen, aber was ist ihr Ausgangspunkt, ihre "Nummer eins"? Der Einzelne - und von da aus kann sich etwas verändern. Das heißt nicht, sich selbst an erste Stelle zu setzen, sondern die menschliche Situation durch eigene Erfahrung zu entdecken. Wenn wir uns daran ein Beispiel nehmen, werden wir uns bewußt verhalten können - in allen Situationen und in jeder Gesellschaft.

Wir müssen mit uns selbst und mit den anderen zusammenarbeiten können, je nach den Umständen und ohne Vorurteile und Verfälschungen. Daraus folgt, daß wir, um Dzog-chen praktizieren zu lernen, uns selbst beobachten müssen. Um sich zu beobachten genügt es, einige Minuten lang darauf zu achten, wie unsere Gedanken, Urteile und Ideen kommen und gehen - wie Wellen, die aufkommen und vergehen. Jeder Gedanke kann eine sekundäre Ursache sein, um eine Handlung auszuführen; das ist die charakteristische Bedingung unseres Geistes. Wenn wir daher im Leben allen Aspekten unserer Existenz gegenüber bewußt und gegenwärtig sind, werden wir mit Sicherheit weniger Probleme haben.

Es ist viel wichtiger zu versuchen, gegenwärtig und bewußt zu sein, als täglich eine begrenzte Zeit bestimmten Praktiken zu widmen. Die Details der Meditationstechniken, wie Visualisationen usw., zu lernen, ist zweitrangig. Im Dzog-chen wird gesagt: "Nicht die Meditation, sondern die Erkenntnis ist die Hauptsache." Wenn wir nicht die Erkenntnis besitzen, dann wird die Meditation eine Schöpfung des Geistes, eine überflüssige Konstruktion. Aber wo entsteht die wirkliche Erkenntnis? Aus dem Bewußtsein unserer relativen Existenz. Das ist die Basis, um Meditation und die Natur des Geistes zu verstehen. Die "Natur des Geistes" ist ein eleganter und faszinierender Begriff, aber in Wirklichkeit wissen wir nicht, was sie ist. Wir leben nicht in der Natur des Geistes, wir haben nur eine Vorstellung davon. Wir reden darüber, stellen Überlegungen an, aber das hat alles nichts mit der wirklichen Natur zu tun. Wenn wir Hunger haben, reicht es nicht zu denken: "Essen und Nichtessen ist dasselbe" oder "In der Natur des Geistes gibt es keine Nahrung." Es ist besser, unsere konkrete materielle Situation zu verstehen. Die Natur des Geistes bezieht sich auf einen Zustand jenseits der Existenz des Körpers, der Stimme und des Geistes, deren Erkenntnis nur aus der Erfahrung entstehen kann. Wenn wir die Grenzen und Eigenschaften der relativen Existenz kennen, können wir uns der wahren Natur wirklich bewußt werden.

Ein Praktizierender muß sich immer der Bedeutung der Beziehung mit dem Meister gegenwärtig sein. Der Meister lehrt durch die drei Übertragungen: die direkte, die symbolische und die mündliche. Aber unter der mündlichen Übertragung versteht man nicht nur den Moment, wo der Meister in einem Saal vor Hunderten von Menschen sitzt und theoretische Aspekte der Lehre erklärt. Er überträgt die Erkenntnis in jedem Augenblick. Jede Rede, jeder Rat, den er gibt, ist Teil der mündlichen Übertragung.

Wenn der Meister den stinkenden Kadaver einer Maus findet, ihn dem Schüler zeigt und sagt: " Riech den Gestank ", so kann das ein Mittel sein, das er benützt, um die Erkenntnis des Zustandes der Kontemplation zu übertragen. Den Gestank einer toten Maus zu riechen, ist eine direkte konkrete Erfahrung. Man braucht sich nicht zu verstellen oder besonders anzustrengen. Wenn durch diese Erfahrung der Schüler den Zustand begreift, in dem es keinen Unterschied zwischen dem Gestank einer toten Maus und dem Duft einer Rose gibt, dann hat die tote Maus als Weg der Übertragung genügt. Das ist ein Beispiel für die unzähligen Gelegenheiten, die der Meister benutzen kann. Die Lehre ist nichts Heiliges, das nur mit Tempeln oder Schriften verbunden ist. Sie ist das konkrete Verständnis von dem Zustand der menschlichen Erfahrung.

Der erste Dzog-chen Meister Garab Dorje hat, nachdem er ein ganzes Leben lang gelehrt hatte, ein kleines Testament in drei Versen hinterlassen für alle zukünftigen Dzog-chen Praktizierenden.

In den Zustand direkt einführen
Nicht im Zweifel verharren
Verbleiben in der tiefen Erkenntnis der Selbstbefreiung[3]

"In den Zustand direkt einführen" bezieht sich auf die Übertragung des Meisters, der auf verschiedene Weisen in den Zustand "so wie es ist", in den ursprünglichen Zustand des Individuums, einführt und ihn verständlich macht. Das ist die Grundlage.

"Nicht im Zweifel verharren" bedeutet, daß wir eine genaue Erkenntnis dieses Zustandes haben müssen, indem wir das eine Gegenwärtigsein der Kontemplation in Tausenden von Erfahrungen finden. Das ist der Weg.

"Verbleiben in der tiefen Erkenntnis der Selbstbefreiung" ist die Frucht: das totale und unwandelbare Wissen um die Selbstbefreiung, das in unser tägliches Leben völlig integriert ist. Dieser Zustand besteht in allen Situationen fort.

All die Hunderte von Orginaltexten des Dzog-chen, seien es Tantra, Lung oder Geheime Weisungen, können als Erklärungen dieser drei Verse von Garab Dorje angesehen werden. Aber die Lehre ist weder ein Buch noch eine Tradition. Sie ist ein lebendiges Wissen.

ANMERKUNGEN

1 In Osttibet entstanden und von zwei großen Meistern, Jamyang Khyentse Wangpo ('jam.dbyangs.mkhyen.brtse'i dbang.po) (1820-1892) und Jamgon Kongtrul ('jam.mgon kong.sprul) (1813-1899) gegründet.

2 Dieser Text, ein Werk des Nub Sangye Yeshe (832-942), beschreibt in einer Übersicht die Eigenheiten aller buddhistischen Traditionen einschließlich des Ch'an oder Zen und

des Tantra im Vergleich zm Dzog-chen. Daher ist er von größter Bedeutung, wenn man die Unterschiede in der Sichtweise und der Praxis zwischen dem Dzog-chen und den anderen Schulen in der ersten Verbreitungsphase des Buddhismus in Tibet genau verstehen will.

3 Im Tibetischen: ngo.rang.thog.tu.sprad / thag .gcig. thog. tu.bcad / gdeng.grol.thog.tu.bya

Anhang

Bücher von Namkhai Norbu

(Zuordnungen entsprechend der Originaltitel)

In Tibetisch

Bod.rigs.gzhon.nu.rnams.la.gros.su.'debs.pa.gzi.yi.phreng.ba Library of Tibetan Works and Archives, Dharamsala 1983.

Bod.kyi.lo.rgyas.las.'phros.pa'i.gtam.nor.bu'i.do.shal (Interpretation der alten Geschichte Tibets) Library of Tibetan Works and Archives, Dharamsala 1981.

Sgrung.lde'u.bon.gsum.gyi.gtam.e.ma.ho, Library of Tibetan Works and Archives, Dharamsala 1988.

Byang.'brog.gi.lam.yig (A Journey into the Culture of Tibetan Nomads), Shang-Shung Edizioni, Arcidosso 1983.

Sbas.pa'i rgum.chung (The Small Collection of Hidden Precepts: A Study of an Ancient Manuscript of Dzogchen from Tun-Huang) Shang-Shung Edizioni, Arcidosso 1984.

Zhang.Bod.Lo.rgyus (eine Sammlung von Texten über die alte Geschichte von Shang-Shung und Tibet),Neapel: Communitá Dzog Chen, 1981; auch italienische Übersetzung

Yantra Yoga - The Yoga of Movement in the Tradition of the Tibetan Master Vairocana (mit engl.Einführung); Neapel: Dzogchen Community Publishing, 1982

In Englisch

The Refined Gold of the Oral Teaching concerning the Practice of the View, Meditation and Behaviour according to MAHAMUDRA ; Arcidosso; Shang-Shung edizioni; Übersetzung in italienisch

The Necklace of Gzi - A cultural History of Tibet; Library of Tibetan Works and Archives, Dharamsala 1981.

Dzog-chen and Zen; herausgegeben, Vorwort und Anmerkungen von Kennard Lippman; Nevada City: Blue Dolphin Press, 1986
in italienischer Übersetzung: Shang-Shung edizioni, Arcidosso

Primordial Experience: Manjusrimitra's Introduction to rDzogs-chen Meditation; in Zusammenarbeit mit Kennard Lipman; Boston, London: Shambala Publications, 1987

MERIGAR, Magazine of the Dzogchen Community; engl./ital. Zeitschrift der Dzogchen Gemeinschaft; 4 x jährl.; Abo s. Shang-Shung, Arcidosso

The Crystal and the Way to the Light: Sutra, Tantra and Dzogchen; hrsg. von John Shane; London, New York: Routledge and Kegan, 1986
deutsche Übersetzg: Der Kristallweg Die Lehre über Sutra, Tantra und Dzogchen; Eugen Diederichs Verlag, München 1988 (TB)

In Italienisch

Dzog Chen - Lo Stato di Autoperfezione; hrsg. v. Adriano Clemente; Rom: Ubaldini edizioni, 1986

Il ciclo del giorno e della notte - La via quottidiana dell' Atiyoga; übersetzt aus dem Tibetischen und hrsg. von G. Bareotto; Shang-Shung edizioni, 1989 (2.Aufl.); engl.Übersetzung: The Cycle of Day and Night: Where one proceeds along the path of primordial yoga A basic text on the practice of Dzogchen ; übersetzt und hrsg. von John Reynolds; Oakland: Shang-Shung Editions, 1984

Lo specchio, Shang-Shung edizioni, Arcidosso 1983.

Engl.Übersetzg.: The Mirror- Advice on Presence and Awareness; Arcidosso, Shang-Shung edizioni, 1983

in deutsch im "Kristallweg",ebda.

Manuale di lingua tibetana (Einführung in die tibetische Grammatik); Neapel: Communita Dzogchen 1977

Il Bön - Tradizioni magico-religiose dell'antico Tibet; Arcidosso: Shang-Shung edizioni 1989

Il libro tibetano dei morti (Herausgeber), Newton-Compton, Rom 1983.

Nascere e vivere - un trattato sulla medicina tibetana; Arcidosso: Shang-Shung edizioni 1983 engl.Übersetzung: On Birth and Life: A Treatise on Tibetan Medicine; Arcidosso: Shang-Shung edizioni, 1983; dt. Übersetzung bei Edition Tsaparang

Il piccolo canto del "Fai come ti pare"; übersetzt aus dem Tibet. und hrsg. von E. Dell'Angelo Shang-Shung edizioni, Arcidosso 1986 Engl.Übersetzung aus dem Ital. von D. Barry mit dem tibet. Text: The Little Song of "Do as you please"

Un'introduzione allo Dzog-chen, Risposte a sedici domande (eine Einführung in Dzogchen); übersetzt und bearbeitet von Adriano Clemente Shang-Shung edizioni, Arcidosso 1988 Engl. Übersetzg: An Introduction to the Dzogchen teachings Answers to sixteen Questions.

Santi Maha Sangha: La Communitá rDzogs.chen; übers. aus dem Tibet. und hersg. von G. Orofino und G. Bareotto engl.Übersetzg. von D. Barry mit tibet. Text: Santi Maha Sangha The Dzog-chen Community; Arcidosso: Shang-Shung edizioni 1987

In deutsch

Yantra Yoga, Yoga der Bewegungen Hrsg.: Oliver Leick; Tsaparang Verlag, Gleisdorf/Steiermark 1988.

Der Kristallweg, Die Lehre über Sutra, Tantra und Dzogchen Diederichs Gelbe Reihe, Eugen Diederichs Verlag, München 1989.

1/4 jährl. erscheinende Dzogchen-Journale:

"Dzog Chen Brief", Freundeskreis zur Förderung der Dzog Chen Lehre e.V., Niedstr. 40, 1000 Berlin 41, W-Deutschland - hier auch Informationen über den Verein und Mitgliedschaft erhältlich !

"A-Brief", Österreichische Dzogchen Gemeinschaft, Postfach 60, 8200 Gleisdorf, Österreich

"UK Dzogchen Community Newsletter", Dzogchen Community U.K., P.O.Box 1739, Maida Hill, London W9 1 PJ, England

Verlags-bzw. Bestelladressen:

Odiyana Edition, Kaulbachstr. 50/H, -D- 6000 Frankfurt/M 70, W-Deutschland Tel. 069/618721

Shang-Shung edizioni, Merigar, -I- 58031 Arcidosso (GR), Italien

Edition Tsaparang, Österreichische Dzogchen Gemeinschaft, Postfach 60, -A- 8200 Gleisdorf, Österreich

Edicacija Atiyoga, Beograd, Zeleni Venac 1, Jugoslawien

Kontaktadressen

Freundeskreis zur Förderung der Dzogchen Lehre e.V., Niedstr. 40, -D-1000 Berlin 41 W-Deutschland

Österreichische Dzogchen Gemeinschaft, Verein zur Förderung der tibetischen Kultur, Postfach 60, -A- 8200 Gleisdorf, Österreich

MERIGAR, Communitá Dzog Chen, -I- 58031 Arcidosso (GR), Italien Tel. 0564-966837

Finland Community c/o Tuula, Saarikoski, SF.52610 Tuukkala, Finnland

Community of France c/o Jean Marc Costantini, 8 rue Bernard de Clairvaux, -F- Paris 75003, Frankreich

Singapore Dzogchen Community c/o K.C. Oon, 20 Greenmead Avenue, Singapore 1128

NSW Australian Dzog Chen Community c/o John and Rose, 11 Manns Avenue, Greenwich, 2065, Sydney, NSW Australia

Dzogchen Community Aotearoa, P.O. Little Akaloa, Banks Peninsula, South Island, Neuseeland

Polish Dzogchen Community, 222, Marek Has, Zloty Rog 29, 30-09s Krokaw, Polen

Dzogchen Community of Denmark c/o Lioloia Sablone, Skovstjernevej 5, -DK- 2400 KBW NV, Dänemark

Dzogchen Community Japan Mr. Tetsu Nagasawa, 7-17-14 Higashioizumi, Nerima, Tokyo, Japan

Dzogchen Communitá Espana c/o Curro Estabanell, Gral. Mitre 162, 7e, 1a, -ES- 08006 Barcelona, Spanien

Skandinavian Dzogchen Community c/o Benny Friis Gunno, Linde Alle 8, 4 th, -DK- 2720 Vanlose, Dänemark

Yugoslavian Dzogchen Community Ediciya Atiyoga, Zeleni Venaci 11000, Belgrad, Jugoslawien

Dzogchen Community California c/o Joan Goodman, 4907 Shafter Avenue, Oakland, CA 94609, USA

Mid-West Dzog Chen Community Craig Steele, 2220 East Colfax, Denver, CO 80206, USA

Dzogchen Community of Greece c/o Liakos Evangelopoulos, 10 Polytechnion Str., -GR- Athen 10433, Griechenland

Hawaii Dzogchen Community c/o Susan Indich, 165 Kunhale Street, Kaiula, Hawaii 96734

Dzogchen Community Australia c/o Geoffrey Samuel, P.O.Box 331, Newcastle 2300, New South Wales, Australien

Communitá Dzogchen Venezuela c/o Elias M. Capriles, Aulos Chaguaramos, Qta, Cuchi, Urb La Florida, Caracas, Venezuela

Tsegyalgar, Parsons St. Conway, Mass 01341

English Dzogchen Community, P.O.Box 1739, Maida Hill, -GB- London W9 1 PJ, England